知识就在得到

小日常
大奇迹

王潇——著

新 星 出 版 社　NEW STAR PRESS

All grown-ups were once children,

although few of them remember it.

所有的大人都曾经是孩子，可惜只有少数人还记得。

——《小王子》

目录　CONTENTS

序言
空白时间表

我决意要在浩如烟海的育儿信息中找到简洁之道。

随着女儿的出生、长大，我发现，关于养育孩子这件事，我一开始还是想简单了。或者说，这根本就不是一件事，而是成千上万件事。它们事无巨细，环环相扣，在岁月中密不透风地发生。

无论愿景如何恢宏，生活本身只能是非常具体的。为人父母之后，我的有限人生突然进入到无限信息的汪洋大海里，这让我应接不暇。同时我还要不停地做出各种选择，包括几点起床、吃什么、吃多少、穿什么、穿多少、去哪里、怎么去、和谁去、做什么、做多久。我惊讶地发现，在自己身上司空见惯的选择，放到孩子身上，却难以决断，因为选择的标准改变了。给自己做选择，错了也就错了，而为孩子做出的选择却事关重大。作为母亲，我战战兢兢，做任何一个选择都瞻前顾后，生怕出错。本来，我对自己早就宽容和姑息了，因为孩子，我竟然又严谨起来，重新审视起自己的无知和愚蠢来，心里面知道，这就是真爱了。

于是，和所有家长一样，我主动地也被迫地踏上了育儿求知之旅。随后我发现，这和任何以往的旅程都不一样——它更像是一场人生大考，而且这份考卷完全是随机性的，题目变幻莫测，多种学科交叉其中。最可怕的是，一旦我出错，糟糕的结果会由我亲爱的孩子来承担。

其实，很多时候，我搞不清楚这张考卷到底该由谁来解答——哪些是我负责回答的，哪些是要孩子自己答的；我也搞不清楚题目的类型——哪些是有正确答案的，哪些却要等待答案自己浮现；我甚至搞不清楚这张考卷有多少题目——成长到底是自然而然的，还是需要家长深度干预的？家长应该在育儿中投入多少时间、精力才能求得好结果？到底什么算是好结果呢？有没有关键指标是家长一定要关注的呢？有没有什么基础原则，家长不遵循就会出问题呢？问题成千上万，永无尽头。

我给了孩子生命，却还要回答无穷无尽的追问，养育之路，充满困惑和艰险。但是，偏偏就有很多家长不畏难，纷纷把自己培养成了半个营养师、半个心理咨询师、半个哲学家、半个升学顾问，用惊人的效率和决心完成了跨学科深造。

我钦佩这些家长，可是我大概率是做不到的。

忙碌是个原因，当然也是借口。创业和写作之外，除了培养女儿，我还忙于培养我自己。培养自己不是件容易的事，我用了二十多年才梳理出"五种时间"[1]这套分类处理人生的

---

[1] 王潇：《五种时间：重建人生秩序》，中信出版社 2020 年版。我们日常所从事的事务都可以被分配到五种时间中，它们分别是生存时间、赚钱时间、好看时间、好玩时间、心流时间。

方式。而你也许和我一样，求学、求职、加班、熬夜……你一路奔跑想成为更好的自己，却发现目标尚未实现，因为一个小生命的到来又增加了一个实现起来可能更为艰辛的目标。

生育本来就包含着巨大的代价。对于一个家庭来说，生育的决定一经做出，就稀释了原有的资源，同时加大了实现生活全方位目标的难度。我想要成为我，与此同时，我还想要我的女儿成为她，两个目标还要平行实现，这究竟是不是个奢侈的愿望？

忙碌与目标，有限的时间与精力，这都是时间管理领域的高频词汇，也正是我日常业务中主要的研究对象。我研究的对象还包括时间如何分配、目标如何设定、专注如何实现、习惯如何养成。但是，我之前的研究都聚焦在成人领域，成人时间管理的前提是自己管自己，自己的后果自己承担。按理说"成人"就是指长大成人的人，可以为自己负全部责任的人，但一路研究下来，包括我本人在内的大多数成人却还是经常管不住自己。实际上我是一直想管自己，又一直管不住。

孩子的出生，意味着无论之前我能不能管得住自己，反正从现在开始要正式管别人了。既然需求迫切，我只好先从管自己的方法里找出最好用的，迁移到孩子身上，再检验是否对孩子也同样好用。既然我为成年人找到了"五种时间"，那么，我也可以为养育孩子过程中无数人遇到的老问题、难问题找到崭新的方法。

当我把视角从育儿的种种困惑中移开，转换到时间管理领域寻找解决方案，把千头万绪落实到规划时间表这一个动作上后，繁杂而琐碎的育儿问题果真变得异常简洁。每一个孩子来到世间，都如同一张空白的时间表，而对每一个家庭来说，选择生育首先就意味着迎来家庭时间表不可逆的颠覆式改变。

无论大人还是小孩，人生的本质就是一段段时间。是单位时间的使用和积累塑造了我们每一个人。无论大人还是小孩，做出的选择，花费的时间，都会客观呈现在一张张时间表上。这张表在婴儿时期是从午夜到黎明的依赖，在幼儿时期是散落在每分每秒的好奇心，在入学后是课余时间的充分利用，在工作后是闲暇时的多种可能性。作为家长，当你替孩子规划时间的使用目的和内容，并细化在每一张日常时间表上时，就是在播种；当孩子执行到他能够到达的程度，就是自然收获。

长期播种后，孩子的能力和特质会从这张时间表，从日常的一点一滴中"生长"出来，无一例外，每个孩子都会是时间的"果实"。看似小小的日常，在时间中会变成大大的奇迹。

我希望给出孩子填写时间表的确切依据，并希望这些依据尽量简洁。

和其他日常工具一样，好用的育儿方法不宜太复杂：目标不宜复杂，步骤不宜复杂，对人基础能力的要求也不宜复杂。复杂的方法会让你的准备路径过长，启动迟缓；会让你在育儿过程中将信将疑，从而导致你无法达成育儿目标。

简洁的方法就是要结构清晰，原理朴素，充分自洽，让人记得住，易操作，并在实施过程中对这套方法以及自己的选择越来越深信不疑。

这本书就是我要呈现给你的简洁之道。书中的素材和实践均来自我女儿出生后的11年间。我一边浏览大量国内外权威育儿体系，一边吸纳其中我认同的观念，并把这些观念变成行动方案。我尝试着把这套行动方案融入育儿时间表，并仔细观察这张时间表起到的作用。从我的孩子到整个趁早行动APP[1]的用户，我在成百上千个案例中汲取经验，归纳总结，最终把所有落在时间表里的项目纳入了一个被称作"5+3养育法"的结构中，也就是五种时间加三种养育方式，形成了一套行之有效的时间规划方法。

实践证明，这套时间规划方法适用于不同家庭和不同孩子，可以让使用者更少焦虑，获得更多确定性。许多趁早行动APP的用户在使用这套方法时，都收获了独属于自己的时间表，捋顺了生活中的方方面面。

在这本书中，我会沿用"你是谁，你要去哪里，你要怎么去，你要用多长时间到达"这样典型的思考方式启动探索，先对育儿道路进行全新梳理，再和你探讨取得行动方案的共识，也就是关于三种养育方式的共识。这些共识会逐一落实在你每一天的生活中，丝滑纳入你的每一个家庭计划中，最终成为你平平无奇的日常。

---

[1] 趁早行动APP，即作者王潇创立的知识付费应用程序。

阅读本书，并将我推荐的方法用于你的日常生活，将是一次触摸时间的奇妙旅程。但，何时开启这段旅程呢？孩子反正还没有长大，你是不是还没那么着急？

忙碌可能再次成为你的理由。

在我女儿出生的那一年，也就是 2012 年，我的公司正式进入时间管理领域。因为长大成人的我早已发现，在所有关于目标实现、愿望达成和时间管理的案例中，做得好的人都是基于那些从小就存在的好信念和好习惯。换句话说，从小养成好信念、好习惯更容易让人少走弯路，获得成功。当你要辛苦矫正时，别人早已内化成了日常，你就会意识到，没有趁早开始，是最大的遗憾。如今，这一切终于可以在孩子身上修正一次。趁早，是以终为始，尽量把孩子长大后遇到的困难在童年阶段解决掉。

我发现，把所有探索汇聚到儿童时间管理领域，应用在这一代孩子身上，就是我能做出的最"趁早"的实践。11 年作为收集信息的周期似乎很长，但作为孩子的成长历程，一转眼就过去了。现在看来，养育孩子给了我空前的耐心，也督促我成长为更全面的人。对读到这本书的你而言，我希望这本书能在你的育儿路上给予切实的帮助，也希望这一帮助能贯穿孩子走向成人的漫长时光里。

作为一个妈妈，我极其珍惜作为家长的播种窗口——因为总有那么一天，孩子会独立，不再听从我的安排；也总有那么一天，我会走到自己时间表的终点。而如果我及时播种，趁早行动，到那一天，无论我有多么不放心，孩子都会

全然拥有自己的命运，会参考着我曾经教给她的方法，继续
书写未来的每一天，把时间表上的事情一件一件做完，再把
愿望一个一个实现。

王潇

2023 年 8 月 10 日于北京

本书使用说明

本书共分为五个部分，需要按章节顺序阅读。

本书中，我把身为父母的家长，所有参与制订养育计划的人，称为"大人"，把被养育对象称为"孩子"，整本书都是写给大人的。需要说明的是，很多大人只是生理年龄到了做父母的年纪，但在某种程度上，自己仍然需要成长，是被养育的对象。如果你依然把自己视为可改变、可成长的人，甚至渴望重新成长一遍，那么，这本书里的时间规划方法，对你也同样适用。你可以每次在文中读到"孩子"字样的时候，自动替换成自己，就会获得全新的阅读感受。

这本书和我已经出版的时间管理作品《五种时间》虽然有着深厚的联系，共享一个底层框架，但它是针对儿童时间管理的完整解决方案，可以单独使用。而如果你在阅读过程中，希望自己在解决孩子时间管理问题的同时，也对自己的生活秩序做一个重构和梳理，那么同步阅读《五种时间》会是不错的选择。你会以更通透的心态来看待时间，从而完成育儿中"言传身教"的部分。

这本书适合孩子年龄在 3 至 12 岁的家长，从幼儿园到中学之前的孩子也都能够在大人的引导下听懂、看懂，并有效使用。就大脑发育阶段来说，3 岁是时间管理最理想的切入年龄，而 12 岁之后，孩子面临的生存时间份额会迅速增加，本书的执行难度也随之增大，更加考验大人和孩子的决心。

这本书在宏观上着眼于家庭的生活观念和习惯对人的影响，需要大人对当下的生活进行反思和部分调整。本书在微观上强调神经可塑性 [1]，也就是孩子的思维和行为都是可以塑造的，作为家长应该花时间对孩子加以塑造，最后再把塑造的计划落实在时间表上，并用各种方法推进执行。整个"5+3 养育法"可以简单地提炼为，**用三种养育方式规划五种时间**，其中三种养育方式和五种时间可以根据孩子的需求和能力进行排列组合，方便使用。

这本书四部分的逻辑是：

第一部分　目标梳理
·由于时间表必须建立在育儿目标的基础上，因此家长们首先需要做的是重新梳理和审视自己的育儿目标。

第二部分　孩子的五种时间的细化分类
·按照五种时间的划分，把孩子会面临的所有事务重新分类，并逐一讲解每一种的实现原理。
·对应不同分类，给出时间表样本。

---

[1] 神经学家们发现，重复性的经验会对大脑的结构产生影响。2000 年，埃里克·坎德尔通过神经突触可塑性的研究获得了诺贝尔生理学奖或医学奖。

第三部分　用三种养育方式规划五种时间

·说明三种养育方式的适用场景和具体执行标准。

·对应不同养育方式，给出五种时间的规划方法和更具体的时间表样本。

第四部分　提供工具

·便于执行的简洁工具。

本书内容将沿着制定目标、细化理念、落实执行计划和提供使用工具这个逻辑展开。

同时，我会用少量的育儿案例来举例，我的家庭和育儿经历会是其中一类案例。需要特别说明的是，每个孩子和家庭都有自己的独特性，按照书中的时间规划方法，每个家庭和孩子都能得到适合自己的时间表，习得与自身相匹配的执行方法。

这本书将帮助家长把一切繁杂收拢于一张时间表中，将自己的育儿目标落实在孩子每月、每周、每天的时间规划中。也许读完这本书之后，我们获得的只是每天时间表上要做的清爽的几件事，但我们会非常明晰地知道，时间表上每个选择背后的深远意义。当每一个选择都指向我们早已深思熟虑的目标，我们就拥有了先见之明，内心清楚地知道已经为孩子做好了成长伏笔。

每个人都可以配备一份有把握的基础时间表，然后训练自己适应和更新它，同时让它每天负责培育自己——让它提供健康食谱、运动计划、医疗周期提醒、持续加强禀赋的步骤、与亲友共度的时光、便捷的居住地、文化氛围、娱乐、假期等。这些日常意义非凡，促成了我们此生每时每刻的幸福，达成了个体的生活意义。

以下是本书对育儿生活的美好愿景：

家长养育愿景：

· 让孩子有时间观念，分清轻重缓急；

· 让孩子在好习惯的支持下"自动巡航"[1]；

· 让孩子学会自驱，让家庭减少内耗；

· 让孩子拥有精彩的、不一样的人生 。

家长自身愿景：

· 在有限的时间和资源范围内，帮孩子做好成长路上的每一个关键决策；

· 摆脱焦虑和内疚，不再纠结，轻松统筹各类事项；

· 养育自己，让自己的身心更加健康、愉悦。

希望我们的小孩会是：

· 能够专注的孩子；

· 不拖延的孩子；

· 有行动力的孩子；

---

[1] 指汽车在不需要驾驶员操控的情况下，能按照预定的速度行驶。

·自驱的孩子；

·有爱好的孩子；

·充满活力的孩子；

·面向未来的孩子。

愿我们从此成为有主见、有耐心的大人，孩子成为随时间充分生长，开花结果的孩子。

愿大人和孩子都获得快乐，并在一路上对自己真诚，按自己的意愿过一生。

01

养育共识

第一章　找到育儿目标

这是本书的第一章，是重要的共识部分。

面对养育孩子的问题，我们都想得到立竿见影的简单方法——可以立刻实施、马上见效——也或多或少使用过一些小妙招，但如果我们不清楚这些小妙招背后的原理，就会反反复复遇到类似的问题。我们当然不想这样，谁都希望摆脱焦虑，朝着务实的方向，做出有效的努力。但养育的过程本身是复杂的，不存在可以横扫所有问题的统一解。

这本书后面也会有各种方法和招数，但我不会直接开讲，而是选择先讲透原理，这是基于以下几个原因：首先，方法永远比不上热情和能量；其次，对人应该因材施教，不存在"放之四海而皆准"的时间管理模板，最好的方式肯定是先确定自己的方向和目标，再匹配适用方案。我们力图找到标准化的时间规划方法，但也需要保持开放心态，一路上不断做出调整。

因此第一章或许有点长，需要你读的时候有一点耐心，但它是不可或缺的。

在你找到养育孩子的方案前，我衷心希望这一章能够帮助你解开育儿中的大部分困惑。因为在我用好几年想明白这一部分后，切实地帮助到了我自己。

01　共享标准答案

出发之际，我们先来看看育儿的方向和目标。

现在，请正在阅读这本书的你回答两个关于育儿目标的小小提问。

请沉思一下，把答案简洁地写到这里，写好后请翻到下一页。

表1　育儿目标问卷

你期望孩子未来成为一个什么样的人？

你期望孩子有一个什么样的人生？

> "我期望我的孩子成为一个健康快乐的人！
> 我期望我的孩子有着健康快乐的人生！"

这是我们在趁早用户的问卷中看到的最多的答案，几乎每一份答案中都包含有"健康"和"快乐"这两个关键词。

我猜，你大概也写下了类似的美好愿望，并且是毫不犹豫地先写下了"健康"和"快乐"这两个关键词，就像我一样。而且，我写的时候还笑眯眯的。

我记得，我在写完的当天下午就去看了电影《你好，李焕英》。在电影里，张晓斐演的妈妈对贾玲演的女儿说："咱女儿啊，健康快乐就行了。"看到这里，我简直瞬间流泪。

作为妈妈本人，对孩子的期望肯定首先就是健康和快乐。这两个词朴素又真挚，难道还有什么能比健康和快乐更重要的吗？从孩子出生到渐渐长大，父母的这两个愿望一直紧紧跟随，从来没有变过。

但问题是，这两个词描述的目标，在育儿的过程中不好使。

健康和快乐只是分别对身体和情绪状态做出了泛泛描述，它是粗糙的，很难作为育儿的具体目标。尤其在我们面临选择时，这两个目标会经常失效。

孩子胖了，他白白胖胖的样子确实很可爱，但是好像有点过胖了，和其他孩子一起玩的时候明显有些不灵活。其他孩子因此不愿意带他玩了。你已经看出来这让孩子不开心了。孩子确实吃得多，但这么小的孩子，想吃是身体需要，总不能让他饿着吧？说不定他再大一点就瘦了。不过，让孩子胖下去似乎也不行，万一孩子因为胖而生病，或者因为被同学排斥而产生心理问题呢？

在这个场景里，即使家长发现孩子已经不开心了，"让孩子成为健康快乐的人"这个目标也没能让他做出选择，去重新修改孩子的时间表。不生病就是健康，或者胖一些也是健康，或者长大些就会变健康，这些想法交织在一起，没有形成决策。没有决策，就不会发生行动，也就不会改变结果。

同龄的孩子纷纷开始上兴趣班了。在其他家长的推荐下，你也让孩子试了一个据说能够启发大脑的兴趣班，可孩子不喜欢，每次上课路上都要闹脾气。可是启发大脑对孩子的未来很重要呀，是不是因为他还太小，不知道大脑变厉害了以后会非常快乐这件事？我是不是应该让他坚持下去呢？可他现在已经不快乐了，这可怎么办呢？是不是这么小的孩子就要开始学习延迟满足了呢？

　　在这个场景里，"让孩子快乐"这个目标在家长进行选择时似乎失效了，因为家长无法根据这个目标分清孩子现在的快乐和未来的快乐哪个更重要。不仅如此，家长还可能进一步发现，快乐可能压根就是个天真而不切实际的愿望。为了成长而忍受当下的不快乐，也许正是要给孩子上的一课。那么这一课有必要现在就上吗？孩子讨厌的这个兴趣班今天到底要不要去？

　　如果你已经遇到了以上这两个场景，那么，你会在这本书的第二章找到解决方案。但我依然不建议你直接阅读第二章，让我们一起先把第一章所有的共识梳理完吧。

　　接下来，我们要解答这里出现的最大疑惑：健康和快乐——这组几乎所有人都写下的目标难道不对吗？

02 差别在于信念

"养孩子要一天天地养"，但养着养着，大人心中就会开始疑惑：大家都是一天天地养，为什么我的孩子养成这样，别人的孩子养成那样呢？

在每个家庭里，从孩子早上醒来到入睡之前，每个孩子的经历和体验到底有什么差异呢？

事实上，能够造成最根本差异的，不是家长陪伴孩子的时长，不是家长的教养资源，不是亲子的沟通方式，也不是孩子的学习能力，而是孩子心中被环境灌输的信念，也就是对世界基本特征的信念，这在心理学界叫作"原始世界信念（Primal World Beliefs）"[1]。原生家庭就是对人影响最早的、最深的环境。原生家庭里大人展现的一切，本质上都反映了对这个世界的基本信念。从这个意义上讲，所谓养育，就是第一步先给孩子生命，第二步再给孩子信念，其他所有的知识和细节，都是在这信念的基础上开枝散叶，陆续延伸。关于健康和快乐的定义，则是此信念的一部分。

如果说原始世界信念这个词太宏大，不够务实和落地，我们打个容易理解的比方。

某个物种的家庭生下宝宝之后，大人要以自己的方式告诉宝宝这个世界是什么样子，一家人每天是怎么生活的，以

---

[1] 在心理学家杰里米·克利夫顿等人的研究中，人们头脑中的原始世界信念可以分为三个方向：世界是安全的还是危险的、是精彩的还是无趣的、是有机的还是机械的。一个人的原始世界信念的形成，主要受家庭影响。

及未来会发生什么。这套解释会直接影响家庭的行为方式和遇到问题时的决策。

比如猴子家庭会告诉宝宝：整个世界是森林，我们是猴子，你也是猴子。猴子天生是要爬树吃果子的，猴子的日常休息就是晒晒太阳，社交就是互相抓虱子，这些都是快乐的事。森林里有个猴王说了算，咱们都得听猴王的。你长大后要爬树，多摘果子，如果你健康强壮还可以争当猴王，当上猴王是最高理想。这整套生活图景就是小猴子的信念。

猎豹家庭会告诉宝宝：整个世界是草原，我们是猎豹，你也是猎豹。你要凭借突袭和快速奔跑捕猎食物，羚羊是很好的食物，捕猎成功令我们快乐。雨季食物丰厚，我们也会在雨季教你如何捕猎，但当旱季缺乏水源时，我们就要耐心等待旱季过去。你是猎豹，所以你一生中大多数时候都会独行，你要快，要生存，要守住领地。

每个物种都有要吃的苦，也有想尝的甜。对于猴子来说，快乐就意味着爬树、吃果子、晒太阳，而对于猎豹来说，成功捕猎才是快乐。小宝宝从出生之日起，就被爸爸妈妈灌输这些对世界、对自身的根本看法。

而我们人类，也有自己的信念。一个人对自己的要求，对快乐的感受，都取决于他的信念——他如何看待这个世界，以及他如何设定自己在这个世界的存在方式。

不同的家庭，有着不同的信念。有的家庭更像猴子家庭，有的更像猎豹家庭，有的则像其他物种的家庭。不同的家庭对于快乐和健康有着截然不同的解释。

回到上文育儿的两个场景里，如果我们定义了自己家庭信念里健康和快乐到底意味着什么，我们面临选择时，就不会陷入纠结，左右为难。

03　农耕家庭、游牧家庭和航海家庭

以上只是借用物种的比喻用来热身，不是说不同家庭的信念可以分出十二生肖来。

其实，我对家庭信念的分类十分简洁。

我的丈夫叫叶先生，我的女儿叫问问。问问有个从幼儿园时期就同班的好朋友叫多多，是个小男孩。多多的爸爸妈妈和我与叶先生年龄相仿，妈妈也在北京创业，爸爸留着大胡子。我们两家日常交流挺多，于是渐渐成了朋友。

在问问和多多小学二年级时，多多突然要转学，因为多多的爸爸妈妈想要他换到另外一所更能打好基础的学校。

在多多四年级时，多多家突然决定举家迁到海外，给他换一所更有利于未来发展的学校。他们说走就走，从做出决定，向周围人宣布，到完成离境和入学，只用了两个月的时间。他们落实新住处后，把物品整箱打包，清理或运走，干净利落。此前七年的北京生活说终止就终止了。

我和叶先生对他们的速度和执行力都有点惊叹，一下子没理解这个巨大决定背后的依据。怪不得"孟母三迁"传颂至今，为了教育大动干戈地搬家，敢于做出这么多取舍和牺牲，今日看来也很是令人钦佩。而我家根本就没想过为了给孩子选择更适合的学校，"连根拔起"，迁徙到那么远的地方。

这样的迁徙意味着全家都要离开熟悉的城市，去适应崭新的环境。孩子也要告别转学后刚认识的同学，再一次进入陌生群体。而境外的新学校是否适合孩子？孩子未来的发

展如何？在这些问题都不确定的情况下，多多家能够果断迁徙，让我们感到了家庭与家庭之间的巨大差别。

在饯行的饭桌上，我再次注意到多多爸爸的大胡子和高挺的鼻梁，问他："你长得很像混血啊！"

没想到多多爸爸说："我就是混血啊！我生长在国内，但我有土耳其血统。"

我开玩笑说："怪不得你们说走就走，原来是游牧民族啊！"

多多妈妈说："那要这么说，我的祖籍是甘肃，我的祖先是蒙古人，也是游牧民族！"

问问听到了问我："什么是游牧民族呀？"

我说："蒙古人和土耳其人呢，他们的祖先都生活在草原或沙漠。那时候他们没有固定的居住地，都是随着季节和动物迁徙的，这样的民族叫游牧民族，这样的家庭叫游牧家庭。游牧家庭的人会骑着马，赶着牲畜，带着帐篷和生活用品，寻找水源和适合居住的地方。简单说，游牧家庭的生活方式就是逐水草而居。"

问问继续问我："那多多家要去找新的水源和草了吗？"

我哈哈大笑，说："后来，很多草原或者沙漠都变成城市了，他们也就不骑马放牧了，不需要真的寻找水源和草了，也不用经常迁徙了。但可能多多的爸爸妈妈觉得，那时候最重要的东西是水源和草，而现在最重要的东西是多多的教育环境。多多爸爸妈妈之前也是从其他地方迁徙到北京的，因为北京有重要的东西，现在他们为了找到新的重要的东西，就要继续迁徙了。"

多多爸爸妈妈听完笑了，又对多多说："王潇阿姨说得对！爸爸妈妈一点都不担心，你也不用担心，因为从祖先开始，咱们游牧家庭的流动性和适应性就很强。"

问问听完这些，又转过头来问我："妈妈，多多他们家经常迁徙，是游牧家庭，那咱们家不迁徙，是什么家庭呢？"

我突然想起过去在阅读中接触到的两个词，一个叫农耕文明，一个叫航海文明，于是赶紧拼凑出答案："不迁徙，一直住在同一个地方的家庭叫农耕家庭。这样的家庭定居在一个地方，开垦土地，灌溉庄稼，春天耕耘，秋天收获，所以我们是农耕家庭。"

就在那天的饭桌上，电光石火间，我想明白了一个道理，或者说理解了不同家庭的区别所在。

所谓龙生龙，凤生凤，我们生儿育女传承了基因，也传承了生活方式，而生活方式最底层的区别也许就是这几大文明在今天的映射。所有之前我不能理解的其他家庭的选择一旦放到这个框架中，就突然变得可以理解了。这个发现让我豁然开朗。

我的回答似乎没错，我的家庭大概真就是农耕家庭。这样分类的依据不是我的祖先是不是农民，也不是我的家庭是否以种地为生，而是我的家庭怀揣着什么信念在生活。

这个信念就是——从根本上，我们相信世界是什么样子，我们应该怎么生活，如果说得更透彻一些就是：是什么带来了生活的繁荣。

如果我们是农耕家庭，我们就崇尚资源占有，相信自给自足的生产和制造，相信稳定带来繁荣。

如果我们是游牧家庭，我们就崇尚追逐成果，相信丰饶来自迁徙和变化，相信自由带来繁荣。

如果我们是航海家庭，我们就崇尚冒险与创造，相信思维和生存空间的扩展会带来变量和新的发现，相信变革带来繁荣。

表 2　农耕家庭、游牧家庭和航海家庭的基本特征

	农耕家庭	游牧家庭	航海家庭
成就目标	资源占有	追逐成果	创造和发现
成就途径	自给自足的生产和制造	迁徙和变化	扩展思维和生存空间
人生信条	稳定、安全	自由、变化	变革、冒险

如果我们想进一步了解自己，完全可以按照这个分类来对照，看自己究竟来自什么家庭或者正在建造什么家庭。而有什么样的家庭，就会有什么样的崇尚，也会有什么样的抉择。

如果，你的父母曾恪守这样的信念：人应该扎根在熟悉的地方，勤勉劳作，习惯付出与等待；人生需要通过计划和努力生产来孕育未来；人生就是周而复始地播种与收获，那么，你很可能来自农耕家庭。也许你以往没有从这个角度理

解过自己的父辈和祖先，但很可能稳定和耕耘已经根植在你的观念中。

你可能会被告知要适时婚恋，购置房屋，要重视家庭的智慧和经验，育儿在于延续和传承。你可能会被家人嘱咐，工作时必须精耕细作、任劳任怨，这样才能取得成就，迎来丰收的喜悦。你的家庭也许早已无须耕种土地，但依然坚信稳定和持久的努力可以带来富裕和繁荣。农耕文明影响着数量繁多的中国家庭。

我想起我爸和好多人的爸爸，无论曾经从事着什么高精尖的职业，闲暇时或者退休后都热衷于弄一个小院儿，然后，快乐地耕种。

很多现代职业也依然是农耕文明的延伸。无论时代如何变迁，农耕家庭的信念还是会让我们向往稳定和安全，追求旱涝保收，我们会鼓励孩子做教师、学者、公务员和大机构中的专业人士。

虽然我没有选择上班，选择了创业，但我的创业模式也是我来自农耕家庭的一个佐证。我和团队经营着中国原创的时间管理文创品牌"趁早"，每年春节后，我们会开始设计下一年的《趁早效率手册》，这批手册会在春天进入制作程序，在秋天上市销售。等销售款项陆续入账后，我们就会再次购买纸张和配料，开始筹备下一年的手册，一年年循环往复。而趁早精神里"命运有耐心"和"时间看得见"的理念，都是在强调"在一块土地上播种等待"的信念。

咱们再说游牧家庭，就是我之前提到的多多的家庭。

他们为了追逐心目中珍贵的东西，不介意迁徙，甚至宁愿居无定所。对游牧家庭的人来说，稳定不是最重要的，追逐更重要。如果追逐的东西已经不在，那就不必再落脚于此地。对照来看，"背井离乡"实际是一个农耕家庭的专有词汇，"我们出发了，我们在路上"也是农耕家庭才会用的语句，而对于游牧家庭来说，所到之处皆可安放灵魂，灵魂得以安放之处皆为故乡。

再说航海家庭。

作为来自农耕家庭的创业者，我深深向往航海家庭。我知道那是极少数闪光的人类冒险者，他们一次次驶离熟悉的领域，在极限上探索全新的生活。

长久以来，我对航海家庭心怀好奇，我想知道他们澎湃无畏的血液是先天具备，还是后天练就的。我想知道他们穿越汪洋大海，向未知彼岸驶去的勇气和雄心是如何锻造的？在更广阔的世界还未发现之前，他们为何能信所未见？他们是如何面对航程里那注定的孤独、渺茫的希望以及破碎的梦想的？我更想知道，梦想破碎之后，他们如何再次扬起风帆？

谁家是非常有代表性的航海家庭呢？要我说，是埃隆·马斯克家。在埃隆·马斯克的妈妈——梅耶·马斯克的自传《人生由我》里，有对自己父母，也就是埃隆·马斯克的姥姥、姥爷的精彩叙述。他们所经历的生活是那么富于传奇性——为了不断体验冒险的乐趣，一家人常年开着小飞机，带着孩子做探险飞行。最后，他们决定在南非落脚，是因为在一次飞行中向下俯瞰时，看到南非很美就立即选定。这对于我这种农耕家庭的人来说简直难以置信。

而埃隆·马斯克本人也是现代意义上的人类航海家。火星计划就好比一次新大陆发现之旅，它跨越了时代，把人类的未来引向了不可预测的星辰大海。对于在航海家庭长大的人来说，人生要么是一场勇敢的冒险，要么就什么都不是。

这样梳理完，我们就会知道，我们之所以常常觉得其他文化不好理解，他人的建议很难采纳，是因为我们来自不同类型的家庭，心中怀揣着不同的信念。

这类家庭的完满在那类家庭看来就是支离破碎，这类家庭眼中的廉价在那类家庭看来就是价值连城，这类家庭的毋庸置疑就是那类家庭的无稽之谈。我们习以为常的认知被收集、整理、交换、流通，而另一类人其实根本无法理解这些信息。这就是为什么我们对幸福、光荣、成就等所有概念的理解都存在巨大差异。[1]

总结一下，基于对三种家庭信念的思考，并对照周围的种种人与事，我发现了：

　　·认同了家庭信念——也就是家庭价值观和目标的人，就如同自小签署了"身份协议"，会自发做出符合家庭信念的行动选择。

---

[1]　一切已知的时间表，都可以看作一个家庭或一个人对世界和自身的独有解释。如果你想模仿和照搬任何现成的时间表，都要先认真听听时间表创建者的解释。

·不同的家庭信念之间存在巨大差异，农耕家庭会发现游牧家庭和航海家庭的生活更加波澜壮阔，也更多新鲜感，但不经研究就生搬硬套，大概率会失败。

·农耕家庭鄙夷的投机主义可能正是游牧家庭崇尚的自由精神的一部分。

·当你无法理解和融入他人时，很可能是你在应对另一种家庭信念时遇到了挑战。

·农耕家庭的孩子啊，如果你发现自己更爱自由，你其实正在改变着家族的传统信念。

·航海家庭的孩子啊，留在此地才是痛苦，因为你相信只有未来和远方能带来繁荣。

·学习其他家庭的育儿方法，就要先看到这个家庭独特的信念和精神蓝图，以及这张蓝图的终点，并判断他们和你追求的是不是同一种繁荣。

·几千年来，游牧家庭、航海家庭和农耕家庭分别生活在自己的信念中，并因此局限了自己的生活方式，那我们今天是不是应该尝试突破思维局限，让游牧家庭理解农耕，让航海家庭体验游牧？未来的孩子只有接触了更多的生活方式，才会有更多的才干和选择，创造融合的文明。

行动方案　填写家庭信念问卷

请你按照问卷向自己的孩子讲述家庭的基本信念和价值观。

表3　家庭信念问卷

在以下问题中，选择你认为最符合家庭价值观的一项。

在制订家庭计划时，我们倾向于（　　　　）。

A.提前列出计划，并尽量按照计划执行
B.简单列出计划，并根据情况随机应变
C.很少做计划，最好的机会总在计划之外

在创造孩子的成长环境时，我们更看重（　　　　）。

A.稳定、安全的环境
B.活泼、资源丰富的环境
C.冒险、更少约束的环境

在考虑家庭成员的职业规划时，我们更看重（　　　　）。

A.清晰明确的职业成长路径
B.自由弹性的公司气质风格
C.拥有潜力的行业发展前景

在育儿过程中，我们更看重的特质是（　　　　）。

A.主动性和行动力
B.独立性和决策力
C.创造性和想象力

在下面三句话中，更适合形容我们的是（　　　　）。

A.命运有耐心，时间看得见
B.我们出发了，我们在路上
C.人生就是一场冒险

统计以上问题中A.B.C三个选项的数量：
A>3个 → 农耕家庭　　B>3个 → 游牧家庭　　C>3个 → 航海家庭

你的结果是（　　　　　　　　　）。

04　快乐者得未来

现在，你已经了解了三类家庭的区别，这下我们可以说回育儿目标了。

其实，我最初贪婪地写下过很多育儿目标，除了健康和快乐之外，我还希望女儿是独立的、坚强的、有主见的。后来我发现，我之所以这么写，是因为我相信独立是快乐的，坚强也是快乐的，有主见是快乐的，健康还是快乐的。这些不同的目标都去往快乐，快乐才是最终目的。

所以，我希望在这里和你达成一个共识：不论你属于哪类家庭，父母们把孩子带到世间，目的就是尽可能地让他们体验快乐。

至于说快乐是不是人生的真谛，哲学流派中有很多争辩。我在阅读一篇脑神经科学论文时被彻底说服，在这里，我要和所有家长们共勉，把这个我读到的案例再讲一遍。

2015 年，也就是我女儿出生后的第三年，《自然》杂志发表了一篇论文 [1]，这篇论文记录了美国麻省理工学院两名神经科学博士在小鼠身上做的一组实验。

当时，世界顶尖的脑神经科学已经发展到了可以用光信号来干预和刺激特定神经元的阶段。简单地说，就是当研究人员把光纤植入到小鼠脑中的某个区域，并反复用光纤刺激这个区域的神经元时，可以唤醒这个区域的记忆。于是，

[1] Ramirez, S., Liu, X., MacDonald, C. et al., *Activating Positive Memory Engrams Suppresses Depression-Like Behaviour*, *Nature* 522, 335–339 (2015).

科学家开始尝试用这个技术抑制抑郁症，并为此做了一个实验。

实验分为三个步骤：第一步，研究人员把几只雄性小鼠和雌性小鼠安放在一起，让它们卿卿我我地自然生活，赋予这批小鼠一段快乐的记忆。

第二步，研究人员把小鼠关进会反复遭受电击的空间，让它们生活在恐惧中，并因为无法逃脱而绝望，进而表现出抑郁的状态。[1]

科学家如何判断小鼠出现抑郁状态了呢？有这样几个指标：

通常情况下，让小鼠在白开水和蔗糖水之间选择，在80%的情况下小鼠会选择喝蔗糖水。但是抑郁状态下的小鼠却因为食之无味，选择两者的概率各占50%。

还有，当研究人员把一只正常的小鼠倒吊起来，它会充满求生欲，拼命挣扎反抗到无力为止，但是抑郁状态中的小鼠只会安静地被倒吊着。

抑郁状态中的小鼠对周边环境漠不关心，当小鼠抑郁到了这个程度，任凭研究人员对它进行各种美好的引导，包括把它放回自由的空间、提供可口的食物，或是将它送回异性小鼠身边，等等，小鼠的抑郁症状都没得到好转。

实验来到第三步，研究人员把小鼠分为三个对照组，用光纤去刺激对应的神经元，重新激活小鼠在第一步拥有的快乐记忆。第一组小鼠被连续刺激了5天，第二组小鼠被刺

---

[1] 实验需要，并无倡导之意。爱护动物人人有责。

激了1天，第三组小鼠没有被刺激，研究人员对比了三组小鼠的抑郁程度。

结果令人惊喜：连续5天被刺激的小鼠几乎恢复到了实验之前的正常状态，它们在被捉住尾巴时更加活跃，也更爱喝糖水了，而只被刺激1天和没有被刺激的小鼠则依然表现出抑郁状态。

这篇论文为预防和治疗抑郁症、缓解人们的抑郁状态提供了崭新的方法，在2015年轰动了全球医学界。

这篇论文也给了我极大的启发——在人生早期贮存了很多快乐记忆的人，相对于缺乏快乐记忆的人，可能更加乐观，更少抑郁，陷入困境时也更容易重拾信心。就像实验里的小鼠一样，当快乐的记忆被唤起，它们就能对抗痛苦和挫折，克服暂时的困境。作为家长，如果能在孩子童年时期，在自己还可以参与他人生的时候，把尽可能多的快乐记忆留在孩子脑中，就是帮助他在未来战胜困难。童年的快乐记忆，是父母可以给予孩子的宝贵财富，当孩子在未来身处逆境时，快乐记忆就是父母穿越时空给予他的最好帮助。

幸福的童年治愈一生，不幸的童年需要一生治愈。人生早期记忆要尽量快乐，让孩子拥有快乐，就成了我矢志不渝的育儿目标。而引导和管理孩子在童年里拥有快乐的种类、浓度和总量，就是在这个最高目标下更细致的分项目标。

而要使孩子快乐，大人首先要有发自内心的快乐。家庭的爱不需要深刻、沉重、伟大，家庭需要快乐。

新一代父母不需要再用道德绑架、内疚和牺牲示范给孩子，**新一代父母最大的功课，应该是示范快乐，不断成长，做快乐的楷模。**

无论是农耕家庭、游牧家庭还是航海家庭，无论他们各自怀揣怎样的信念，父母们都可以让孩子拥有这样一个信念：生下你是因为这世界有很多快乐，人生因为有快乐而值得。

父母存在的意义不是给予孩子舒适富裕的生活，而是当孩子想到父母时，内心永远充满力量，永远感到温暖，有能力克服困难，有勇气去追求人生真正的乐趣和自由。

虽然不同家庭对快乐的定义不同，但什么样的快乐都不会无端发生，需要花费时间、精力和资源去追求。先有投入，才具备产出的可能。

在第二章，我将会运用五种时间的框架把快乐分类，并梳理出每一种快乐的生理基础和标准。无论你属于哪一种家庭，秉持什么信念，都可以从中找到自己天然认同的标准。之后，适合孩子的教养目标就清晰地浮现出来，下一步你就可以根据目标制订行动计划，并将行动落实到时间表中去推进完成。

02

五种时间的快乐

人生到底有多少种快乐呢？

你希望孩子经常体验到哪些快乐呢？

我们大人其实很清楚，人世间的快乐层次丰富，花样繁多：有奋发精进的快乐，也有无所事事的快乐；有安逸舒适的快乐，也有勇猛战斗的快乐。唐僧去西天取到真经是快乐的，猪八戒如果能留在高老庄也会快乐。

脑神经科学发展到现在，已经初步解释了人类快乐的来源：激素[1] 和神经递质[2] 是大脑中调节情绪和快乐感觉的化学物质[3]。不同种类的荷尔蒙和神经递质在大脑中相互作用，共同影响着人的情绪，它们的协作方式很像电影《头脑特工队》[4] 里面的故事构思。对照这些基础原理，我们就可以重新理解孩子和我们自己在童年时，为何会快乐或不快乐。

---

[1] 人和动物的内分泌器官或组织直接分泌到血液中的，对身体有特殊效应的物质。

[2] 在神经元之间或神经元与效应器细胞（如肌肉细胞、腺体细胞等）之间传递信息的化学物质。

[3] 〔美〕丹尼尔·利伯曼、〔美〕迈克尔·E.朗：《贪婪的多巴胺》，郑李垚译，中信出版社2021年版。本书作者认为快乐的感受涉及多巴胺等一系列神经递质。

[4] 《头脑特工队》，华特迪士尼公司、皮克斯动画工作室联合出品，2015年6月在美国上映。电影的主人公代表人的五种主要情绪：乐乐（快乐）、忧忧（担忧）、怕怕（害怕）、厌厌（讨厌）和怒怒（愤怒）。

表 4　六种不同类型的快乐

	体验	说明	获取方式
多巴胺	即时满足感	多巴胺是一种神经递质，它与奖励和满足感有关，能够促成即时的快乐。	实现目标，获得成就，以及听音乐、吃甜点等。
内啡肽	舒适、满足	内啡肽是人体内自己产生的具有类似吗啡作用的肽类物质，它与持续专注所获得的愉悦感有关。	全然沉浸地投入，自我实现感，以及运动等。
血清素	愉快、满足和幸福	血清素是一种神经递质，它与积极的行为有关，能使人产生愉悦情绪。	积极的情感，包括帮助别人，跑跑跳跳，晒太阳，听音乐，阅读和画画等。
催产素	平静、治愈	催产素是一种神经递质，它与社交和亲密关系有关，可以降低压力水平。	与他人互动，如拥抱、牵手、抚摸小动物等。
花生四烯乙醇胺	创造的幸福感	花生四烯乙醇胺是一种神经递质，它与创造性思考和创造力有关。	进入心流状态，全神贯注地做事。
去甲肾上腺素	兴奋和胜利感	去甲肾上腺素是一种神经递质，它与兴奋和挑战有关。	面对挑战、克服困难或处于刺激的环境。

20 世纪 30 年代，西方曾经有一个可怕的育儿流派做了一系列相关实验 [1]，试图通过摘除亲子关系中的亲密和关怀，

---

[1]　〔美〕约翰·华生：《孩童的心理教养法》，李天纲译，上海社会科学院出版社 2017 年版。约翰·华生是美国著名行为主义心理学家，他在本书中提出"哭声免疫法""独立睡眠法"等方法，主张父母在孩子哭泣时应不加理会，像机器一样训练孩子。

比如刻意制造分离、不在婴儿哭泣时安抚等方法，培养不依赖父母的孩子，并认为这样的孩子会成长为独立坚强的人。后来这个流派的观点被著名的"哈洛的恒河猴实验"[1]推翻，这个实验证明爱存在三个要素：触摸、运动和玩耍，如果灵长类动物的父母能给孩子提供这三个要素，那就能满足他们对爱的需要。

触摸、运动和玩耍，亲子互动中的这些行为可以促进孩子体内催产素的分泌，从而促使孩子更加积极地社交，远离孤独。

哈洛的恒河猴实验证实了孩子需要爱和安抚，也为父母们指明了养育方向：就是要做与孩子亲密无间的父母，对孩子无条件支持的父母，对孩子常常安慰、时时鼓励的父母，并永远和孩子站在一起！

如果神经递质分等级，花生四烯乙醇胺就是高级的神经递质，对应一种更珍贵和稀缺的快乐，它需要一种特定的行动才能出现，这种行动要能把人带入心流体验[2]。

要想使孩子获得这种快乐体验，大人就要想办法创造条件：帮助孩子找到爱好，排除干扰，最重要的是，给孩子足够的时间，比如孩子喜欢画画，大人就要创造安静的环

---

[1] 20 世纪 50 年代末，美国比较心理学家哈里·哈洛（Harry F. Harlow）做了一系列实验，将刚出生的小猴子和猴妈妈及同类隔离开。经过一段时间的单独分开喂养，这些小猴子虽然身体上没有什么疾病，但它们不能和其他猴子一起玩耍，性格孤僻、对外界充满恐惧、脾气暴躁，甚至性成熟后不能进行交配。

[2] 指个体完全沉浸于某项活动中的状态，一种将自身与周围环境融为一体、忘记时间和周围的干扰、体验到极大的快乐和满足感的状态。希律心理：https://www.51cmm.com/wz/qa3ikgNu.html，2023 年 7 月 6 日访问。

境，让孩子可以长时间地沉浸其中，同时避免用吃水果、吃饭等琐碎事项打扰孩子。

喜欢挑战和乐于参与比赛的孩子，事实上是体验到了去甲肾上腺素的独特快乐，也就是赢的快乐。而想赢、要赢就是人们为了体验去甲肾上腺素的快乐而展开一系列的行动和努力，积极参与竞争。从这个角度上，大人可以重新理解孩子愿意竞争或者抵触竞争的时候，脑内到底发生了什么。

看到快乐的这一系列生理基础，你是不是会觉得我们人类的所有喜怒哀乐就是一场场在脑内发生的电化学体验？而我们对外部世界的所有感知也都来自接收信息后的脑内反应？如果我们再深入地想，世界上是否存在客观事实？我们的认知是否全部来自主观感受？如果是，那么我们就应该致力于为自己营造足够好的主观感受，并让自己的孩子也获得源源不断的快乐体验。

神经递质的研究结果给我们的启发是：快乐的情绪既然是神经递质带来的感受，那么，只要我们能够激发相应的神经递质活动，就可以调节情绪。如果我们想要获得更多的快乐体验，同时做到主动调节情绪，就需要学习更多方法。

为人父母之所以责任重、任务多，就是不单要花时间管自己，还得想办法管孩子。可以说，**身为父母最重要的职责之一，就是帮助孩子在童年获得足够多的快乐，快乐会写入记忆，而记忆会被储存用以对抗人生逆境。**这个职责的重要性，不亚于我们给孩子第二次生命。

但是，如何让孩子获得更多快乐的体验呢？现代脑神经科学告诉我们：人的情绪感受能力差异是由多种因素共同作用的结果，包括遗传、环境和行为。[1]在同样的环境与压力下，有的人不堪重负，而有的人正向情绪更多，这样的差异可能来自遗传，来自先天禀赋，也可能受到环境与行为习惯的影响。

身为父母，我们无法改变孩子的遗传基因，却可以积极调整孩子的生长环境和行为习惯，帮助孩子从"本该是的样子"走向"可能成为的样子"。对孩子来说，没有比这更重要的了。

大人可以为孩子选择有希望获得快乐的环境，还可以帮孩子趁早展开行动。不同的行动会导致不同的神经递质的分泌，引发不同的情绪。当行为—神经递质—情绪建立了新的增强回路，你就开始了针对孩子大脑的塑造历程。

这么看，育儿之旅既是考核之旅，也是创造之旅：

你要选择特定的时间，在特定环境中引导孩子体验特定的人与事，让环境和行为激发正向情绪，再让正向情绪促使孩子主动重复。

然后，好的结果会在长期重复后产生，孩子在这个过程中充分发展，而每一个充分发展的人都美好而独特。

而所有这一切，都可以通过一张时间表来实现。

人世间的快乐有许多种，也有着不同的排列组合，大人

---

[1]〔美〕莉莎·费德曼·巴瑞特：《情绪》，周芳芳、黄扬名译，中信出版社 2019 年版。巴瑞特教授在书中提出了"情绪粒度"的概念，一个人情绪粒度的高低即区分和识别自己情绪的能力高低。

需要做的，就是针对快乐的不同种类及排列组合分别花时间。花时间干什么呢？花时间引导和干预：把本来在家庭时间中不存在的事情，用主动选择的方式让它们出现，引导孩子完成；孩子做新的事情，神经递质就得到了新的刺激，持续刺激，大脑就能被持续塑造，这就是干预。

好消息是，孩子的大脑一定是可以通过干预发展的，干预需要时间表。

坏消息是，大人完全不干预孩子的行为，本身也是一种干预。不规划时间表，时间表也依然存在。单位时间内，大人不主动引导孩子体会快乐，其他感受也依然会发生在孩子的心田。久而久之，孩子的大脑就会朝着另一个方向被塑造。

我们再来理解一遍：

积极的环境和行为，带来积极的神经递质；

积极的神经递质，塑造积极的大脑；

积极的大脑创造积极的人生。

为了让孩子拥有积极的人生，家长需要在孩子的时间表内安排积极的环境，引导孩子做出积极的行为。

接下来，就让我们一起找到那张每个孩子专属的时间表。

第二章 健康时间

至此，我们正式进入儿童时间管理的快乐目标分类及执行部分。

首先来看快乐目标的第一个分类：

健康时间——为孩子体验健康的快乐，而专门规划的时间。

如何实现健康这个目标呢？我们的第一步就是把"健康"这个概念进行拆解和细化。比如，是不爱生病叫健康呢？还是身体匀称叫健康呢？是吃得好、睡得香叫健康呢？还是参加体育活动时对身体有足够自信叫健康呢？

说到这里，我们再回到第一章的**场景**1。

场景1

孩子胖了，他白白胖胖的样子确实很可爱，但是好像有点过胖了，和其他孩子一起玩的时候明显有些不灵活，其他孩子因此不愿意带他玩了。你已经看出来这让孩子不开心了。孩子确实吃得多，但这么小的孩子，想吃是身体需要，总不能让他饿着吧？说不定他再大一点就瘦了。不过，让孩子胖下去似乎也不行，万一孩子因为胖而生病，或者因为被同学排斥而产生心理问题呢？

现在我们把这个场景里的孩子换成大人，这道应用题马上就有了解题方向。因为，在遇到难题时，大人一定会先提问，再制定行动方案。

我们会被问道：你走路、上楼时费劲吗？气喘吗？关节疼痛吗？

我们会被建议：你去做个全面体检吧，看看有没有心血管疾病、糖尿病、高血压的问题。

当体检结果出来，医生还会建议：你从现在开始运动吧。

在成人世界，肥胖可能会给个体带来身体不适和健康风险。同时，社会也一直有着对于身材的审美标准和偏见。这会极大影响肥胖人群的自信心和社交活动，影响生活质量和幸福感。而对大多数人来说，运动是一项划算的时间投资——每年运动 270 小时就能延长 3 年的寿命，并且推迟部分疾病的发生。[1] 人并不是生来健康就会一直健康下去，健康的身体是长久运动的结果，是需要有计划的运动、练习才能维护的。

我们遵照医生的建议开始运动，就会陆续接触到很多运

---

[1]〔英〕蒂姆·斯佩克特：《饮食的迷思：关于营养、健康和遗传的真相》，李超群译，广西师范大学出版社 2019 年版。作者在书中介绍了饮食、运动以及各种流行生活方式和健康之间的关系。

动领域的名词，包括力量、耐力、灵活性、心肺功能等。在随运动进行的一系列专业测量中，你会发现几乎所有的健康和生命力都是可以定量描述的，常用的专业运动测量指标有：最大摄氧量（$VO_2\max$）、心率变异性（HRV）、力量和肌肉质量、灵活性和身体姿势、反应速度和协调性等。[1] 这些指标都是运动方式、生活习惯、饮食营养、心理状态的客观反映，可以通过专业的运动测量设备和测试方法来进行评估，例如运动代谢仪、心率变异性仪器、力量测试设备等。

而孩子的健康其实也可以通过各项测试指标被定量描述。我国将孩子在不同年龄段的健康标准拆解为多个维度。[2] 比如，一年级孩子除了身高、体重、视力外，还要测试50米跑和1分钟跳绳，而三年级的孩子要增加仰卧起坐的测试。如果你的孩子已经进入学龄阶段，你多半已经对学校的体育测评内容和标准了如指掌，并高度关注孩子的每一次测试成绩。

发掘到这里，我们就知道前面场景1那道题的解法了。

大人按生活方式的不同可以简单地分为两类：经常运动的大人和不怎么运动的大人。

孩子亦是如此。不怎么运动的孩子长大了，很可能会成为不怎么运动的大人，也就是更容易面临健康问题的大人。

作为家长，我们当然希望孩子能从小健康。但我们在把健康设定为养育目标时，要明确地描述什么是健康：是不

---

[1]《全民健身指南》，国家体育总局2017年发布。
[2]《国家学生体质健康标准》，教育部2014年印发，沿用至今。

生病，还是学校的体育测评成绩，抑或是我们认可的其他指标？不仅如此，我们还得想方设法让孩子达到这些健康指标。

于是，场景 1 的解决方案可能会是：

过胖的孩子需要趁早开始运动，培养运动习惯。

从现在起，每周四天，每天安排一小时的运动。

这个计划启动后，要持续三个月以上。

我们的目标是帮助孩子回到正常体重范围，逐渐体验到运动的快乐和身体的自信。

我们希望孩子保持健康，更希望孩子对身体自信。孩子在课后自由地奔跑玩耍，春游时跟同学爬山，秋天时不感冒，做值日时主动提水桶，这些朴素的日常都透露出他对身体的自信。一个人对身体自信了，才会有勇气接受更多的人生任务，才会更积极慷慨、乐于助人。因为他知道，自己有很多精力在胜任自己的任务之外支持别人。

健康会让孩子对身体自信，而对身体的自信又会给孩子带来其他方面的自信。所以，我们必须安排出特定时间只做让孩子更健康的事，这就是"健康时间"，它应该是我们生活中最重要的专属时间。对于孩子来说，健康时间的安排其实非常简单。

儿童的健康时间，除了睡眠和饮食，就是运动。我们要促使孩子进入运动时间，体验运动的快乐，并在成长中产生主动运动的自驱力。

运动是一件越早开始、越能长久获益的事。运动习惯是父母给予孩子的礼物，也是孩子终生的财富。孩子一旦有了运动习惯，就等同于掌握了一种神奇魔法，可以让自己变得自信、坚韧、皮肤发光、身姿挺拔。当孩子未来遇到各种挑战，陷入各种困境时，身体就是他第一个值得信赖的朋友。

在我的女儿问问3岁时，基于一系列研究和考量，我和丈夫叶先生经讨论决定，既然要帮孩子培养运动习惯，不如直接培养一个运动小孩——一个经常运动、视运动为人生一部分的小孩，对身体充分自信的小孩，在运动中获得了大量快乐的小孩，身体素质和专项水平甚至远超平均水平的小孩。

那么，怎么去培养一个运动小孩，怎么能让孩子开始运动，喜欢运动呢？如果从时间管理入手讨论这个问题，答案当然是在运动上花时间。更具体的回答就是：要特意在家中安排大量的运动时间，时时处处让孩子动起来。

01　帮助孩子养成运动习惯

无论你想让孩子往哪个方向发展，言传身教都是一条捷径。其中运动类的言传身教好处很多。如果家长对健康和外表有比较高的要求，那么在培养孩子运动习惯的同时，家长自己也能够趁机完成运动。

家长在运动方面的言传身教可以让孩子知道运动和吃饭睡觉一样，是生活中自然而然的一部分。如果家长本身就有运动习惯，就一定要把运动地点放在孩子能够看到的地方，比如家门口或者客厅；把运动时间放在孩子在场的时候，比如上学前，或者放学后。你要保证每天或者每周都有和孩子一起运动的时间。

行动方案　把健康时间写入时间表

现在，就请你把这部分时间写进孩子的时间表里。本书中，我会列出问问的时间表作为样例。你可以结合孩子的具体情况列出专属于他的时间表。

在我们家，问问的运动习惯养成是由叶先生负责的，他是问问的榜样，也是问问运动时的陪伴者。

问问在小学四年级时，每天清晨上学前，都会由爸爸陪着进行体能训练。他们把每天的训练计划写在健身房的镜子上，左边是问问的运动任务，右边是叶先生的运动任务。每天早晨他们互相陪伴，把各自的任务做完，然后问问去上

表5 问问的时间表（加入健康时间）

时间	周一	周二	周三	周四	周五	周六	周日
6:00	体能晨练		体能晨练	体能晨练	体能晨练		
7:00							
8:00							
9:00						壁球训练	
10:00						壁球训练	跆拳道训练
11:00							跆拳道训练
12:00							
13:00							
14:00							
15:00			跆拳道训练				
16:00	壁球训练	跆拳道训练	跆拳道训练	跆拳道训练		
17:00			跆拳道训练	跆拳道训练		壁球训练	
18:00							
19:00							
20:00							

学，叶先生去上班。

时间表中体能晨练这一项执行起来并没有那么顺利。面对各种状况，我和叶先生只能给自己鼓劲，在心中默念：运动种子的播种需要耐心。

这样坚持了一段时间后，一天早上，我和叶先生都还没有起床，却听见客厅里传来跳绳的声音，清脆又有节奏。跳绳是问问每天训练的热身环节。她竟然独自起来练体能了！我们暗自窃喜。看来，对于问问来说，运动已经成为不需要父母提醒和陪伴、可以自发去做的事情。她已经建立了自己的健康时间秩序，早晨近一小时的体能时间真正进入了她的时间表。

早晨和孩子锻炼比较适合我家的情况，你也可以选择其他时间和孩子一起运动。根据美国心脏协会的建议，6–17岁的儿童和青少年每天应当至少有一个小时的中等至剧烈强度的体育活动，以有氧活动为主，比如散步、骑自行车、跑步等；每周应当有至少三天的高强度活动，比如游泳、跳绳等；一周最好还有三天肌肉强化类运动，比如哑铃、杠铃及其他器械训练。你可以对照自己的时间表，把孩子需要的这些运动分一下类，看看有哪些是在学校进行的，哪些是必须由你陪伴完成的。

02　带孩子尝试多种运动项目

　　兴趣是最好的老师，为了发掘孩子的兴趣，家长就要花时间带孩子把各种游戏和运动"刷"一遍。

　　学龄前儿童的所有运动都是在为将来的某一种"专业学习"打基础。在这个阶段，孩子的运动并不局限于体育项目，而是有着很宽泛的内容，包括舞蹈、肢体表演、跑跳游戏等多种形式。只要是可以让身体运动起来的兴趣班，比如跆拳道、舞蹈、游泳、球类，家长都可以让孩子尝试一段时间，慢慢观察，哪些是孩子最喜欢的，在哪些项目上，孩子能明显沉浸其中。

　　学龄前的孩子可以参照《学龄前儿童（3-6岁）运动指南》[1] 选择下面几类运动：

表6　适合学龄前儿童的运动项目

类型	说明
日常活动	如用筷子吃饭，系鞋带，穿衣服等。
力所能及的家务活	如洗一些小物品、擦桌子、扫地、整理玩具和自己的物品等。
积极的交通方式	如步行、上下楼梯、骑车等。

---

[1]　北京体育大学、首都儿科研究所、国家体育总局体育科学研究所联合研制，2020年6月发布。

类型	说明	
玩耍类游戏	移动类游戏	障碍跑、跳房子、跳绳、爬绳杆、骑脚踏车、骑滑板车等。
	姿势控制类游戏	金鸡独立、过独木桥、前滚翻、侧手翻等。
	肢体控制类游戏	串珠子、捏橡皮泥、折纸、搭积木等。
发展重要身体素质为目标的游戏	灵敏	老鹰捉小鸡、抓人游戏、丢手绢等。
	平衡	过独木桥、金鸡独立、秋千、蹦床等。
	协调	攀爬、攀岩、攀梯子等，学习小动物爬行，熊爬、猩猩爬、鳄鱼爬等。

对于学龄前的孩子来说，最好的运动都是最原始的运动，比如跑步、跳跃，以及需要不停地奔跑、跳跃的游戏。

在寻找适合孩子的运动时，有一个基本原则你需要掌握，那就是：要挑选含有"SAQ元素"的运动。S是速度（Speed）、A是灵敏性（Agility）、Q就是快速反应（Quickness）。SAQ训练包括加速跑、折返跑（比如说老鹰抓小鸡里面就有这样的跑步）、地面绳梯训练（和咱们小时候玩的跳房子差不多）、接抛球反应练习（和咱们玩的丢沙包差不多）等内容。

这些训练内容以神经反应训练为主，可以提高孩子的速度、力量以及在高速运动时发挥最大力量的能力，还可以提高孩子的身体灵活性，也就是进行直线、侧向和多方向运动的能力。家长要鼓励孩子在户外多参加这样的游戏，在玩耍中锻炼身体。

对于家长来说，做到这一点并不难。你可以找个安全的空场，定期让孩子们一起疯狂地玩，尽情地跑，满头大汗和偶尔摔跤都不是问题。你可以让孩子尽早和喜欢跑跳的小伙伴们为伍，互相促进，互相影响。

而对于学龄儿童来说，就可以选择一些正式的运动项目了。以下是我和叶先生参考过的适合学龄儿童的运动项目列表：

表 7　各类运动对学龄儿童能力发展的影响

项目	特点	能力提升
足球	锻炼协调性、灵活性和耐力。	团队合作和沟通能力
篮球	锻炼协调性、爆发力和灵活性。	耐心和毅力
游泳	锻炼肌肉力量、耐力和心肺功能。	自信心和安全意识
跆拳道	锻炼协调性、灵活性和反应能力。	自律和自信心
乒乓球	锻炼反应能力、手眼协调和专注力。	团队合作和竞争意识
跳绳	锻炼心肺功能、耐力和节奏感。	自信心

项目	特点	能力提升
跑步	锻炼心肺功能、耐力和身体素质。	毅力和坚持不懈的精神
轮滑	锻炼平衡能力、协调性和灵活性。	勇敢和冒险精神
跳舞	锻炼身体协调性、灵活性和节奏感。	表达能力和自信心

这些运动项目都很常见，家长很容易就能在学校或社区找到相应的培训班或俱乐部，让孩子能够系统地学习和发展。但从玩耍到入门，入门到精进，肯定不是孩子偶尔参与几次就能达到的。

玩耍尝试—入门—重复—正反馈—再重复，所有的运动和学习一样，有着同样的进程，大脑各种神经突触在重复中发生连接和改变。当练习到达一定阶段，孩子的大脑就会发生深刻而持久的改变。

03　潜移默化地让孩子爱上运动

让孩子参与运动的最高目标，永远是让孩子体验运动的乐趣，就像我们把孩子带到人间，是为了让孩子体验人生的乐趣一样。让孩子从对运动无感到爱上运动，是一个需要父母长期干预的过程。

但如果父母本身就不喜欢运动，没有任何运动习惯，是不是孩子也会因此无缘成为"运动小孩"呢？不一定。我们在本章的开头强调了，有三种因素影响着人的快乐体验，除了遗传之外，还有环境和行动。

大人早已知道，运动习惯对人的健康和外表都有着很大影响，但由于自己小时候没能建立起这个习惯，成年之后想建立，发现非常困难。有的家长是在生育之后身材走样才开始运动锻炼，但由于缺乏运动基础和肌肉记忆，启动过程总是有点艰难。

不想让孩子再走自己的弯路，是很多家长的愿望。那么，对于这部分家长来说，怎么才能让孩子喜欢上运动呢？

让我们心平气和地想想，孩子如果对运动缺乏兴趣，是否有以下几个原因：

（1）孩子每顿饭都吃得太饱了，血液集中在胃部，人自然就不想动，总是想休息、睡觉。

（2）孩子穿得太多了，穿得多就不爱动，越不运动，人体的血液循环就越慢，就越怕冷，就穿得越多。天冷容易长肉，就是这个道理。

（3）孩子在家或者在室内的时间太长了，在户外的时间太短，也没有空间跑跳。

（4）当孩子想参与户外运动时，家长过分保护，尤其是老人帮忙看孩子的家庭，这种情况更多。

（5）家庭中没有喜爱运动的人，没有人能够想起或者是坚持带领孩子运动。

（6）由于以上综合原因，孩子已经成了肥胖儿童，运动变得更难了。

面对以上情况，大人可以在家庭时间表上加入一个很有意思的项目：**带孩子去看真正的比赛，找到运动员偶像。**

无论在哪个领域，热情远超一切方法论。

很多家长很晚才意识到自己要引导孩子运动，原因并不是因为他们不重视运动，恰恰相反，他们小时候挺爱运动的，所以认为这根本不会是个问题。尤其是男孩的家长，会觉得男孩自然而然就会喜欢上各种运动，根本不用操心。他们认为，虽然自己现在不怎么运动，但孩子大一点时自然会喜欢上某种运动，到时候再培养也来得及。但结果发现孩子和自己小时候区别很大，并不喜欢运动，那怎么办呢？

这种区别很可能是生活环境造成的。家长小时候可能没有这么多好玩的、好看的，比如手机、动画片和游戏，也没时刻怕你受伤的爷爷奶奶守在身边。而现在的小朋友很早就接触了电子产品，拿到手机一玩就是很久。

但现在也有很多优越的便利条件，比如家长可以陪孩子看各种体育竞赛，借助这些比赛把孩子逐渐引导为"运动小孩"。

行动方案 在孩子的时间表中添加观看比赛的内容

具体怎么做呢？

第一步，家长可以安排孩子在线上观看体育竞赛，最好是田径和跑步这类规则简单的运动，因为用快慢、远近分出胜负更容易让孩子理解。

第二步，家长要从旁解说，并表现出被吸引的样子。同时，家长最好高度关注里面的一个运动员或者是一支队伍，为其加油鼓劲。孩子被真实的人和竞赛所吸引，被父母的真情实感所带动，就很容易投入其中，甚至也会选择支持一个运动员或者一支队伍，为其加油鼓劲。而如果这个运动员或这支队伍有过非常曲折的经历，一直在不断克服困难、超越自己，就更容易成为孩子的榜样。榜样的力量是无穷的。找到孩子热爱的榜样后，家长可以引导孩子持续关注这位运动员或这支队伍的比赛。这个铺垫非常重要。

第三步，家长可以带孩子去运动场玩，有条件的话，还可以带孩子去看真正的比赛。当然，如果是孩子崇拜的运动员或队伍的比赛就更好了。观众的亢奋情绪，输赢之间全场气氛的跌宕起伏，以及运动带给人的喜悦和荣耀会第一次进入他的生活。这样的感受会直接激励孩子参加运动。

第四步，家长可以鼓励孩子参与相似的运动，或者干脆和小朋友组队，办一个小型比赛。在比赛结束后，家长还可以加入让孩子站上领奖台颁奖的环节。这样一次完整的运动体验，要比孤立地开始运动练习有趣很多。

这种参加运动比赛的经历会在孩子的成长过程中留下深深的印记。比赛和组队这两件事对人的一生都有着重要意义。

以上四步不仅对没有运动习惯的家庭有效，对我们这样本身就热爱运动的家庭来说也非常重要，它可以持续激励孩子的运动热情。所以，我们在问问的时间表中也加入了观看比赛的内容。

表8 问问的时间表（加入健康时间）

时间	周一	周二	周三	周四	周五	周六	周日
6:00	体能晨练		体能晨练	体能晨练	体能晨练		
7:00							
8:00							
9:00						壁球训练	
10:00							跆拳道训练
11:00							
12:00							
13:00							
14:00							
15:00							
16:00	壁球训练	壁球训练	壁球训练	跆拳道训练			壁球训练
17:00							
18:00							
19:00						全家一起观看比赛	
20:00							

第三章　好玩时间

好玩时间，是为了让孩子获得玩的快乐，在时间表中特意安排的用来玩的时间。

和大多数哺乳动物一样，玩耍是人类的天性之一。孩子出生后，醒来的时间不是玩就是进食。当你看到那软糯的婴儿挥舞着手臂，发出咯咯的笑声时，你获得了人生中最幸福的体验。你会羡慕孩子的快乐如此简单，也真挚地希望他能一直这么开心下去。好玩时间里的人，眼里闪烁着新奇的光芒。

如果你的孩子处于学龄前阶段，你可能会对本章内容感到困惑——玩难道不是孩子天生就会做的事儿吗，它会自然而然发生在孩子的每一天，这难道还需要特意归纳成一类时间去执行吗？

随着孩子进入学龄期，如果你还能保持这样的观点和心态，那么你的孩子一定非常幸福。这一章，我们大家共勉。

01 每个人都配玩

在《五种时间》中的"好玩时间"一章里，我曾经写过：热烈欢迎来到你渴望已久的好玩时间。作为成年人，我们先需要回忆一下，好玩时间从什么时候开始成为"渴望已久"的了呢？

我们在接受教育的过程中，渐渐形成了一种"如果我没有建树，就不配玩"的观念。我们还会把"玩"当成效率的大敌，在渴望"玩"的同时会不自觉地产生罪恶感和焦虑感，因为"玩物"约等于"丧志"。我们渐渐变得不敢玩，甚至忘了怎么投入地玩。

同样，当孩子上了小学，尤其是中高年级后，家长们也纷纷以"玩"为敌，就算我们有意识地提醒自己不能对孩子这么残忍，也会不自觉地剥夺孩子玩的时间。

但此刻，请你回想一下，当你知道自己即将成为妈妈或爸爸，是不是除了早早准备好奶粉、尿布、小衣服外，还忍不住买了各种玩具。无论是摆放的、益智的还是宝宝洗澡时玩水的小东西，我们都会准备，因为我们深知，孩子的成长是离不开玩的。

但当孩子逐渐长大，开始竞争，我们就会引导孩子慢慢滋生出和成人一样的"不配玩感"。饱受工作压力的成年人普遍有着"不配玩感"，认为自己只有在工作了足够长时间和获得足够成就之后，才有资格享受一段属于自己的玩耍时间。而这种糟糕的观念是在儿童时期就形成了的。

在为孩子安排好玩时间前，我们需要达成一项共识：玩不是一种奖励，也不是努力学习和勤奋工作后才能得到的补偿。玩原本就是生活的一部分，与工作学习同等重要，是人生不可缺少的一环。

我们大人应该时刻记得，所有的孩子都具备去玩的充分理由，无论他发展到什么阶段，取得什么成绩，他都值得在玩中享受欢笑，这是他被生到世间，作为人的权利。

当然，大人也一样，不论能力、成就或者身份如何，每个人都有权利去享受好玩时间及其中的快乐。好玩时间很单纯，只是放松和娱乐，不是为了嘉奖自己达到某种标准或者人生目的。

但是，为了让孩子们能从大人这里获得玩耍的准许，我还是梳理出了一些玩可能带来的好处，目的是帮大人们放下执念，不要与玩为敌。

02 玩耍的五种功能

在很多家长心目中，专注于学科、发展兴趣爱好是孩子们的正事，相比之下，玩是不重要的。对于这部分家长来说，最有效的说服方法是：玩耍具有多种功能，玩不单单可以给人带来快乐，还非常有用。一上升到有用，家长们马上就会把它提上日程。其实，快乐本身就是有用的。

玩对孩子来说有多重要呢？

从生理层面来说，尤其是幼儿，玩耍的时长和健康程度成正比，而幼儿时期的"健康时间"也是用玩耍的方式来度过的。除了吃喝拉撒和睡觉，小孩子只要没有出现身体特别不舒服的情况，一定都在玩。哪怕高烧到 40 度，小脸烧到通红，只要体温降下来，精神好一点，他马上就又抓紧时间继续玩了。能玩会玩，是判断孩子身体健康与否的重要指征。

除此之外，玩耍还可以有效促进孩子各方面的发展。如果你是一个目标感很强的人，那么你完全可以通过一些有针对性的玩乐提升孩子某一方面的能力，你认为孩子缺什么就可以匹配玩什么。玩是一味重要的养育良方，能够在孩子的快乐中解决大人想解决的问题。

第一项功能：在玩中探索，促进孩子的神经发育

当孩子玩耍时，他们的大脑会经历一系列的变化和发展。感知系统正是孩子在和周围世界的主动交互中发展起

来的。来自周围世界不可预测的感知，比如触摸、听觉、视觉，还有不同种类的身体活动，比如爬行、跑跳、抓握，都可以促进神经连接的形成。可见孩子玩的过程就是促进大脑发育的过程，神经元之间建立联系的过程。那么，一开始玩得多，后来玩得少的孩子会怎么样呢？会获得相反的结果——神经元之间已经建立的联系，如果不被经常使用，就会减弱甚至消失。

人脑在儿童时期发育得最为迅速，一直到成年期，大脑的神经元依然在不断形成新的连接，同时也在进行剪枝和重塑。可以说，持续的好奇心和持续地玩耍，会促使大脑的结构和功能持续地发生积极的变化。为了孩子的神经发育，你不但要鼓励孩子玩，而且还要鼓励他不断花样翻新。

开发新的玩耍场所

大人应该多安排时间带孩子去新的地方玩，尝试新的玩法，让孩子不断探索、触摸，让孩子见多识广。

如果孩子日常只是在家和家人待在一起，或者只在小区的街心花园和熟悉的小朋友玩相似的游戏，那么孩子的神经可能需要添加额外的刺激。

刺激可以来自颜色、形状、灯光多变的陌生空间，比如博物馆和展览馆。

刺激还可以来自不同气味和外观的动植物，比如动物园里新来的小鹿和植物园里刚刚盛开的花朵。

刺激还可以来自和陌生小孩之间崭新的对话方式，比如参加没有熟人的亲子活动，和新朋友一起唱歌、做游戏。

读书和看视频一定不如让孩子身临其境，书和视频带来的都只是间接经验，而孩子受到的最强烈的刺激和启发一定都来自直接经验。

表9　好玩时间探索地图：这里有什么？

	近	——	远
小	我的家里有什么？	学校里有什么？	植物园里有什么？
	小区里有什么？	街上有什么？	动物园里有什么？
大	博物馆里有什么？	公园里有什么？	城市里有什么？

第二项功能：在玩中创造，培养孩子的计划和执行能力

我们人类和动物相比有着更长的童年期，这意味着我们有更充分的时间接受生存能力训练，以应对未来的复杂环境。在我们的大脑中，负责生存能力训练的部位是前额叶皮质，它与人的执行、计划、决策、个性表达等能力高度相关。所有这些能力都是学龄孩子的家长非常渴望的。

那些有主见、说到做到、意志坚忍的孩子，其实都具有优秀的大脑前额叶皮质。而大脑的这个区域是在创造性的游戏中得到发展的。孩子的自我调节能力、情绪应对能力、解决问题和进行规划的能力，都可以在快乐而主动的游戏中得到训练。

创造性的游戏推荐

如果你发现孩子的玩只局限于某一类玩具或某一个固定

场地，没有在玩中派生出新目标和新想象，那么你就要帮助孩子拓展出新的游戏。

旧游戏：孩子按图搭建乐高。

新游戏：由大人或孩子自发命题，比如搭建一辆小汽车，然后用 3 分钟挑选 100 块乐高，再限时 20 分钟把这辆小汽车搭建完毕。

旧游戏：孩子捏黏土，把每块黏土捏出形状。

新游戏：大人引导孩子用不同颜色的黏土捏一个动物园，再捏出两个小人，然后演绎小人帮助动物逃出动物园的游戏。

旧游戏：孩子想要购买材料制作手工。

新游戏：大人将快递包装回收，引导孩子把它组合成新的玩具或者艺术品。

第三项功能：在玩中沉浸，让孩子获得有效的情绪调节

有育儿经验的父母应该已经发现了，让孩子进入不同场景中玩耍，比父母的陪伴更重要。孩子会因为玩耍而忘记了寻找父母，但孩子从来不会因为父母在旁边就停止玩耍。

随着不断长大，孩子会意识到，玩可以帮自己转移注意力、释放压力、放松心情。尤其对于学龄儿童来说，玩耍可以让他们忘记压力、烦恼、减轻焦虑。很多孩子渐渐学会了主动调节自己的情绪，遇到问题先去玩一会儿，将压力予以释放，从而恢复到积极的状态。

无论大人还是孩子，无论出于什么原因，缺少玩耍时间

都会产生许多负面影响。比如，大人缺乏娱乐时间，无法释放自己的情绪，就可能感到沮丧甚至压抑，孩子也是一样。

孩子有一天一定会发现，玩耍与真实世界之间有着天壤之别：玩耍时自己可能会执着于取得结果，但之后自己却可以不在意结果，因为过程的趣味已经足够吸引人了。"当下正在玩"就是孩子要的结果。如果孩子未来有一天要从现实世界逃回玩耍中躲起来，那一定是因为，现实世界没有给他任何一种"当下正在玩"的快乐。大人和孩子终生想要追求的快乐，从来都不是很久以后才会发生的快乐，而是此刻的快乐。

让孩子沉浸玩耍的建议

（1）允许孩子有自己的"游戏小洞"。

一些孩子在家中有自己的游戏区甚至游戏房，但大人可能发现，孩子还会在其中再围起一个更小的空间，放上心爱的玩具，让自己和玩具待在里面。其实类似的"小洞"对孩子具有独特的心理意义，当孩子心情低落或者受到打击时回到"小洞"，情绪会得到调节，大人可以允许孩子在"小洞"里获得平静。

（2）教会孩子转移情绪的游戏。

每个孩子都有自己感兴趣和易于快速投入的游戏项目。最理想的游戏是可以让孩子快速离开负面情绪、让孩子感到自己被赋予新角色、同时又需要他投入专注力的游戏。比如，家中每个人都有各自的飞盘接抛纪录，需要转移情绪的时刻，大人就可以拿着飞盘邀请孩子去室外尝试打破各自的纪录。大人这样做可以帮孩子调节当下的情绪，更重要的是让孩子知道，人不开心的时候可以先玩一会儿。

第四项功能：在玩中社交，让孩子善于沟通

其实家长不用反复思考自己的孩子到底是内向性格还是外向性格，因为是否善于与他人沟通既取决于孩子的意愿，也取决于孩子的沟通能力和技巧。而这些能力和技巧都是可以在早期社交中通过自我训练得到的。

著名精神病医师和临床研究员、美国国家玩耍研究所（National Institute for Play）创始人斯图尔特·布朗博士曾在一次演讲[1]中提到一个有趣的故事：在加拿大的一个冬天，一群哈士奇狗遇见了一只饥肠辘辘的、前来觅食的北极熊，这群小狗就要成为北极熊的晚餐了，这个时候，小狗们冲北极熊摇了摇尾巴，这是它们玩耍的姿势。然后，这只北极熊，没有张开大口，也没有扬起它的爪子，而是和这群哈士奇玩在了一起。小狗以一种玩耍的姿态靠近了北极熊，并借此化险为夷。

大人会发现孩子都有一个神奇的能力，当孩子可以开口说话以后，无论你带他去游乐场还是街心小花园，他总是能很快地融入某个小群体当中。他在玩的过程中学会分享、理解他人、解决矛盾，以及与别人协作，这是绝大多数孩子都能通过和其他孩子玩耍培养出来的能力。

孩子通过玩，获得了与他人有效沟通的机会，进而融入

---

[1] Stuart Brown, Serious Play 2008, Play is More Than Just Fun, https://www.ted.com/talks/stuart_brown_play_is_more_than_just_fun，2023 年 6 月 9 日访问。

环境当中，表达出自己的思想和感受、询问了解他人的需求、获得社交线索，甚至知道了如何察言观色，所有这些对于孩子来说都是至关重要的能力。

值得一提的是，孩子不受干预地玩耍，才能获得有效的沟通能力。当孩子在小游乐场中被其他孩子推倒时，作为家长你可能会本能地制止其他孩子的这种行为，这就是我们所说的"干预"。这种情况发生次数多了，孩子会自然而然地形成"有人推我，家长就会来给我撑腰"的想法。但生活中，家长不会永远第一时间出现。如果大人给予孩子足够的空间，让他尽可能自己处理与其他孩子的矛盾，那么在未来的生活中，在没有游戏的环境中，当他与别人发生冲突，他就会调取记忆中解决问题的经验来处理问题。

游戏社交推荐

大人可以有意识地通过游戏来引导孩子社交，也就是说把社交当作游戏。

如果孩子经常和学校或小区同一批孩子玩，已经有了一套固定的角色分配规则和游戏模式，大人就可以着手帮助孩子拓展新的社交游戏了。

如果孩子在游戏中常常承担领导者的角色，那么他可以尝试在新的社交游戏中成为协作者。

如果孩子在游戏中总是处于从属地位，那么他也许会在新环境和新朋友中体验到新的角色。

为了寻找新的游戏社交，大人可以约新认识的家庭一起玩，或者到公共游乐场所，让孩子自发认识一些新伙伴。

第五项功能：在玩中提升能力，把解决问题的能力迁移到学习中

学习不是为了考试，而是为了获得解决问题的能力。解决问题需要归纳、演绎和举一反三，这些能力从来都不是可以从死记硬背中习得的。

几乎所有游戏的本质都是在解决问题和攻克难关，这一点和现实生活极为相似。大人会遇到各种烦恼、经历各种坎坷，而在游戏中，孩子也会经历同样级别的考验和困扰。洞察游戏规律的孩子，也一样善于洞察未来人生的规则。会玩游戏的人总是能把思考方式迁移到其他游戏中。

好玩时间不仅可以让孩子在此刻获得快乐，它还具有长期价值。我们为了获得乐趣而做出的尝试，很可能会把我们引向意想不到的道路。很多人都是在一段百无聊赖的时间里无意中推开了一扇门，发现了未来的道路、终生的爱好，甚至是人生伴侣。足够长的好玩时间可以为人生提供多种可能性。同样，对于孩子来说，他的好玩时间也具有长期价值，好奇心与自由探索会让他发现自己的热爱，播下人生的种子。

我把好玩时间的超强功能梳理到这里，就完成了对大人的说服工作，好玩时间应该从此被纳入孩子的时间表。

如果好玩时间可以帮助孩子的大脑神经充分发育，使他能够有效调节情绪、善于沟通和提高学习能力，那么在孩子的时间表中，这段时间就不会总是被无限挤压了。

孩子并不会知道玩有如此强大的功能，他只会记得玩时的简单快乐。让我们牢牢记住前文提到的小鼠实验吧，快乐本身就是有用的。

能力训练游戏推荐 [1]

游戏可以提高学习能力。全面调动孩子脑、眼、肢体的游戏能够提高孩子的专注力、理解能力、表达能力，还能破除孩子的思维定式和思维惯性。

你画我猜：请你提前准备好带有词语的卡片，如果孩子还不认字，也可以使用图形卡片。游戏中，有一方用动作模仿或者用语言描述卡片上的词语或物体，另一方来猜。尽量让孩子当模仿和描述的那一方。

反口令做动作：一方发出指令，另一方做和指令相反的动作。比如，一方说站起来，另一方就坐下去；一方说向前一步，另一方就向后退一步；一方说向左转，另一方就向右转。

行动方案 填写好玩时间表

现在，我们把玩耍时间加入孩子的时间表中。

你可以根据孩子喜欢的游戏进行填写。

---

[1] 可以阅读〔马来西亚〕颜永祺、陈达萌：《陪孩子玩的100种游戏》，新星出版社2020年版。这本书介绍了通过游戏提升孩子感受力、专注力、想象力等几大能力的方法。

表10 问问的时间表（加入好玩时间）

时间	周一	周二	周三	周四	周五	周六	周日
6:00							
	体能晨练		体能晨练	体能晨练	体能晨练		
7:00							
8:00							
						玩乐高	
9:00							
						壁球训练	室外活动
10:00							跆拳道训练
11:00							
12:00							
13:00							
14:00							
15:00							
			壁球训练				
16:00							
	室外活动	壁球训练			跆拳道训练		壁球训练
17:00				壁球训练			
		玩黏土					
18:00							
19:00							
						全家一起观看比赛	
20:00							

孩子玩多久：

脑神经科学家认为，对于 12 岁以下的儿童来说，每天应该有足够的时间来进行自由游戏和探索，以促进他们的身体和大脑发育。一般来说，儿童每天应该有至少 1—2 个小时的自由玩耍时间。

大人玩多久：

对于成人来说，玩耍同样是重要的。虽然成人的时间可能会受到工作和家庭的限制，但仍然应该给自己留出一些时间来进行休闲活动和娱乐。这有助于减轻压力、放松身心、提高创造力和提升幸福感。具体的玩耍时间因人而异，但每天至少要有 30 分钟到 1 小时的休闲娱乐时间。

第四章　生存时间

在对趁早用户进行"你期望孩子未来成为一个什么样的人"的问卷调查中，我看到过一个自己非常认同，甚至可以说瞬间被打动的答案：

"希望我的孩子成为有能力一直克服困难的人。"

这个填写问卷的大人是了解人生真相的——人生除了快乐、玩耍，更多的会是困难。人的自我负责从看见真相开始。如果把人生的状态分层，我认为最下层是逆境中的生存，中间是健康快乐的平凡人，最上层是成功卓越和自我实现。真实的生活中，挫折会一次又一次出现。因此，具有应对逆境的能力，是我们成为健康、快乐的平凡人的基础，更是进一步取得成功、达到卓越的起点。但很多大人对孩子的教育目标却没有按照逐级上升的规律来设计，一心要孩子鹤立鸡群、事业有成，却忽视了最基础的逆境生存能力。或者说，从设立目标的时候，很多家长就不愿意接受孩子会遭遇逆境、会成为平凡人这两个选项的存在。

如果一个人面对逆境不够坚韧，就难以成为一个健康、快乐的平凡人；如果一个人面对逆境不够坚韧，即使实现了阶段性的成功，也容易因为变化无常的生活而丧失掉健康和快乐，甚至因为遭受打击而发生崩塌覆灭。无论是平凡还是卓越，人都要有能力穿过逆境，成长为内心坚韧强大的人。

我要郑重写下这个重要育儿目标：

我希望我的女儿成为坚韧的人，在遇到困难、压力、逆境时，能够应对和自我修复，然后从中获得成长。

当我们意识到孩子正遇到困难、压力、逆境，需要应对和自我修复，需要从煎熬中获得成长，就说明孩子正处于生存时间。生存时间就是逆境。

01 积极解读

　　无论我们多想给孩子一个正常、温馨、宽松的童年，也没有办法把生存时间从孩子的时间表中摘除。

　　当孩子降落人间，不期而遇的挫折和困境就接踵而至，他会成为"众生皆苦"画卷中的一员，这是生而为人所注定的。但人群中总有一部分坚韧的人，他们对挫折有着不同的认知和应对智慧，并因此得到了不同的结果。我们都希望孩子能成为这样的人。

　　那么，坚韧的人是怎么长成的呢？

　　当父母把孩子生下来，就已经完成了一部分坚韧性格的塑造。先天更坚韧的孩子也许携带着更强大的前额叶皮质。人类大脑的前额叶皮质相对其他哺乳动物要大很多，也复杂很多。正因为如此，人类才拥有了关键的进化优势：解决复杂问题的智慧。

　　但是，我们很难对孩子的遗传基因进行干预，我们能够拿来操作的只有后天的部分。好在后天部分对人的影响力之大，可操作空间之广，超乎想象。

　　具体来讲，在生存时间，我们要如何帮助孩子塑造坚韧的品格呢？

　　第一步：识别。大人要敏锐地识别和承认孩子正在面临一个挫折，正身处一种逆境。

　　第二步：应对。沟通领域和积极心理学领域都有应对挫折的行动方案，但在时间管理领域，应对挫折的方案会显得更加朴素和务实，那就是：

大人可以先默默告诉自己：我的孩子进入了生存时间，他现在需要帮助，我要把这件事情纳入时间表，专门花时间给他有针对性的帮助。

时间用在哪里是看得见的，要培养坚韧的孩子，大人就要在生存时间特地花时间培养。当孩子处于需要坚韧的品格时，就有机会变得坚韧。

有一种帮助孩子应对挫折的方法叫做"积极解读"。

美国心理学家阿尔伯特·艾利斯（Albert Ellis）提出过一个 ABC 理论[1]，这个理论既容易理解，更容易执行，在塑造人对事物的认知和行动方面，简洁而有效。

ABC 理论的关键点是：大人要在孩子的 A–C 反应链条之中，加上 B 环节，也就是积极解读。A 是激发性事件（Activating events），指让人产生情绪，尤其是负面情绪的环境或事件；C 是结果（Consequence），指激发性事件直接导致的情绪和行为结果。

图1　A-C 反应链条

从 A（激发性事件）到 C（情绪和行为结果），是动物和人类孩童最自然的反应模式，是他们对外部刺激的直接反

---

[1] 〔美〕阿尔伯特·艾利斯：《控制焦虑》，李卫娟译，机械工业出版社 2019 年版。

馈。为什么要强调动物和人类孩童呢？因为 A 到 C 是相对低级的反应模式。而成年人类，尤其是可以进行理性思辨的成年人，是有能力通过解读和思考，去推迟和矫正 C 的出现的。这个在 C 之前加以思考的过程，来自大脑的进化。反过来说，如果你看到一个人的情绪总是一触即发，点火就炸，张口就骂，抬手就打，那么这个人的反应模式还处在相对低级的阶段。

而 ABC 理论中的 B 就是当孩子的 C 产生前，大人对 A 进行解读，心理学家使用的英文单词是 Beliefs，也就是信念。

一个有一定思考能力的人的反应模式应该是：

A. 激发性事件，B. 信念及其解读，C. 情绪和行为反应。

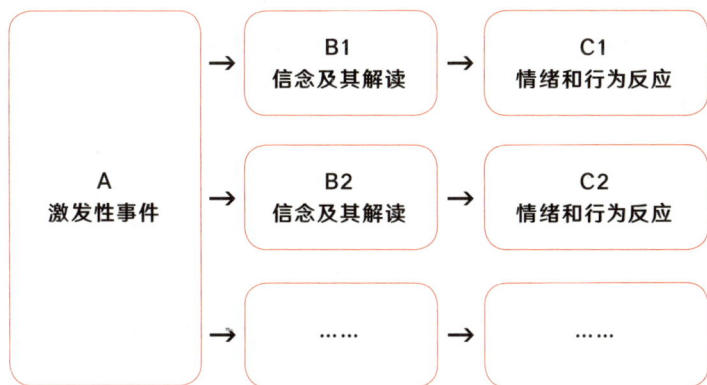

图 2　A-B-C 反应链条

那么，原本是 A 到 C 的自然反应，当 B 出现并对 A 做出了基于自身信念的解读，C 就会随之改变。在 A 刺激和 C 反应之间，还有一个 B 空间，这个空间就是我们对未来的自己做出的选择。人永远有主动权，去把握自己应对事件的方式。

在逆境面前，坚韧者不会从 A 直接到 C，不会任由情绪泛滥，也不会随性采取动作。他们都具有坚韧者的 B，那就是对事件给予积极的、抱以希望的解读。当事情让他们失望时，他们也许会说"我暂时还做不到"，但不会急着说"永远不可能"。

当孩子遇到挫折进入生存时间，对自己产生怀疑，对困难心怀畏惧时，大人就需要把这个重要的培养坚韧品质的方法纳入时间表中，为孩子提供积极解读的时间，重新定义、拆解和描述孩子正在经历的事情。

积极解读的内容可以是一番话，一段陪伴，一个故事或者是一部电影。我们可以首先来对比一下积极解读和消极解读的区别，这样我们就能感知到不同的解读产生的 C 会有多大的不同。

比如，孩子的乘法口诀测验成绩不及格，大人给到的消极解读可能是：怎么连个乘法口诀都能不及格！你就没用心背！不用心就是这个结果！我看你数学算是好不了！

大人给到的积极解读可能是：乘法口诀就是靠重复背才能记熟，这次肯定是咱们重复得不够，下次多背几遍咱肯定行！如果这次背了 5 遍还不行，那咱们下次就背 10 遍，只要咱们研究出来背几遍肯定能记住，以后就全都能及格！

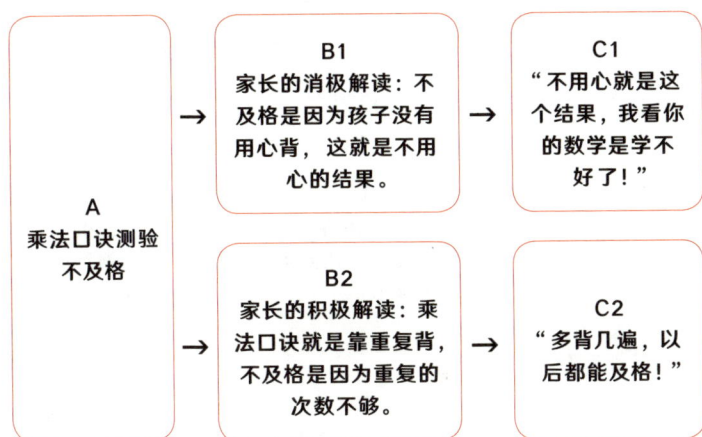

图 3　A-B-C 反应链条举例

积极解读是大人帮孩子提炼出达成积极结果的普遍规律，让孩子理解把事情做成是有方法的、可控制的。让孩子意识到，现状只是现状，不是未来，未来是可以改变的。大人要在各种具体的困难面前，通过不同的拆解与提炼告诉孩子：你可以，你做得到，你一直在进步。

大人学会积极解读，就是改变了家庭的语言系统。当积极解读不停地在孩子的各个挫折场景中重复出现，孩子就习得了一种自我对话的能力。当困难发生而大人不在身边时，孩子脑海中也会萦绕着同样的积极解读。孩子会自己提出问题，自己回答，同时改变情绪和行为的结果。

比如，孩子遇到了一个挑战：是否要报名参加年级乘法口诀比赛？

长期获得消极解读的孩子可能会想：好害怕，我乘法口诀不行，比了也是拿低分，我可不去。

长期获得积极解读的孩子可能会想：不知道我现在能得几分，一旦比了就知道我是什么水平了，还能知道我和那些好学生差多少，有点好奇。我报名吧！

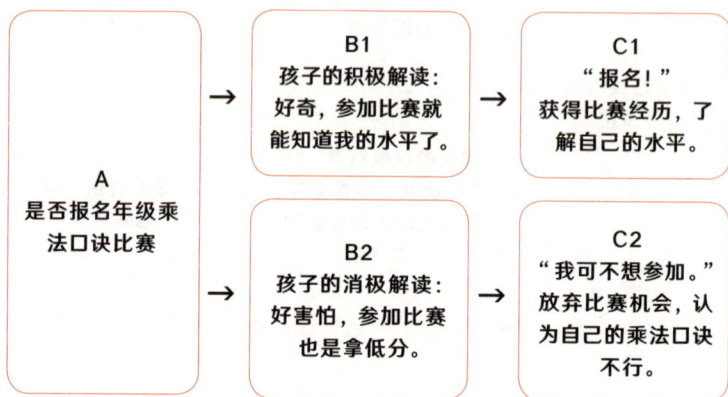

```
┌──────────────┐     ┌──────────────┐     ┌──────────────┐
│              │     │      B1      │     │      C1      │
│              │ ──▶ │  孩子的积极解读： │ ──▶ │   "报名！"    │
│              │     │  好奇，参加比赛就 │     │  获得比赛经历，了 │
│      A       │     │  能知道我的水平了。│     │  解自己的水平。  │
│  是否报名年级乘  │     └──────────────┘     └──────────────┘
│  法口诀比赛    │     ┌──────────────┐     ┌──────────────┐
│              │     │      B2      │     │      C2      │
│              │ ──▶ │  孩子的消极解读： │ ──▶ │ "我可不想参加。" │
│              │     │  好害怕，参加比赛 │     │  放弃比赛机会，认 │
│              │     │  也是拿低分。   │     │  为自己的乘法口诀 │
└──────────────┘     └──────────────┘     │  不行。       │
                                         └──────────────┘
```

图 4　A-B-C 反应链条举例

心理学中有一个经常被人提到的概念"习得性无助"[1]，就是长期接收到消极解读的人最终对自己形成了全面的消极解读。每次发生 A，都出现了一个消极的 B，从而产生消极的 C，循环往复。而消极的情绪和行为又会形成恶性循环，再次触发一个相同的 A。当习得性无助发生，孩子就进入了自我苛责和自我虐待的状态，难以好好对待自己，更难以形成自信和自尊。

相反，长期获得积极解读的孩子，会形成"习得性自助"，每当发生 A，心底就会升起积极看待未来的自我对话，

---

[1]　美国心理学家塞利格曼在 1967 年的动物实验中提出的概念，指个体经历某种学习后，在面临不可控情境时形成无论怎么努力也无法改变事情结果的不可控认知，继而放弃努力的一种心理状态。

继而产生积极的情绪和行为。只有积极的情绪和行为才能创造未来。习得性自助的孩子会为拥有改变的力量而快乐，会将自己视为强者。

我们大人在时间表中为孩子标注上"生存时间"，是用来提醒自己，这个阶段的孩子有时候需要我们干预，对困难进行积极解读。我们特意留出时间，耐心把积极解读对孩子心平气和地说完。未来他遇到同类状况，我们还会再说一遍。为了孩子成长为坚韧的人，我们愿意说千万遍。

当孩子在成长中遇到挫折，并不是我们一旦添加了一次B，孩子就会立刻积极起来。本来，大部分事情都是曲折发展的，都要经过多次调整、磨合、修改、否定，甚至是绝望，才会取得一定的成效。我们大人的生活也一样，常常是做了十件事，只有一件能带来一点点回报。我们在为孩子进行积极解读时，最大的难点其实在于自己能否做到心平气和，心态不崩。即使A再糟糕，我们也依然要保持平稳的心态，将积极解读推进到底，不着急也不抱怨。否则，五次佯装镇定的积极解读之后，一次消极解读的突然爆发就会暴露我们急赤白脸的真面目。孩子就会明白，大人并不真的相信自己的未来会更好，大人是假装的。

那怎么才能长期保持积极解读呢？解法只有一个，那就是我们要把自己也养育成为一个坚韧的人。遇到事情，我们也要把积极解读应用在自己身上，下决心建设一个真正具备坚韧者信念的家庭。

这个决心如果添加在时间表上，就会是一个更漫长的，但绝对值得的内容。

我有一个好建议，我们想要成为坚韧的大人，可以在闲暇时多读坚韧者的自传。我们如果想对孩子进行润物细无声的积极解读，可以和孩子一起看坚韧者的电影。在这些榜样的故事里，我们会看到，所有的"强"，都是由"弱"发展而来的。无论大人还是孩子，都可以由此减少因为暂时不够强而产生的焦虑。让所有的解读都转变为积极解读，就是成为坚韧者的开始。

表 11　坚韧者图书与电影清单

坚韧者书单	坚韧者电影清单
大人版： 《人生由我》 《富兰克林自传》 《我的一个世纪》 《鞋狗》 《异见时刻》	**大人版：** 《徒手攀岩》 《夺冠》 《大法官金斯伯格》 《阿甘正传》 《隐藏人物》
孩子版： 《绿山墙的安妮》 《我在伊朗长大》 *Little People, Big Dreams* 《我亲爱的甜橙树》 《海蒂》（也可以观看改编电影 《阿尔卑斯山的少女》）	**孩子版：** 《当幸福来敲门》 《美丽人生》 《贫民窟的百万富翁》 《摔跤吧！爸爸》 《奇迹男孩》

02　把不情愿的事情做完

坚韧者普遍还有一项很强大的能力：能够把不情愿的事情耐心做完。

人在意气风发时，精神抖擞地做一件事其实不难。难的是，在冗长得看不到头的枯燥、迷茫、压力和疲惫里，依然按同样的节奏做这件事。

大人的焦虑也恰恰来源于此，因为我们发现，孩子天然就会抗拒去做不喜欢或者不擅长的事情。每当面临这种情况，孩子就会变得拖拉敷衍、缺乏时间观念，甚至发脾气、哭哭啼啼。这时候大人可能会立即联想到"一屋不扫何以扫天下"这些古老的道理，会更加替孩子着急和担心。不管是现在还是未来，孩子都不可能只做自己喜欢的事情，回避掉所有不喜欢的事情。逆境总会遇到，生存时间总会到来，孩子从小就躲避困难，那长大后要怎么办？

答案是，在这个时候，家长要花时间传授执行技能。

是的，把不情愿的事情执行完毕，是一项重要的技能。就和孩子学走路学说话一样，需要家长主动传授，孩子才能习得。人类天生趋利避害，如果不知道怎么执行，孩子就不会具备能力完成自己本来不喜欢的事情。成长就是习得，生存时间是习得成长的关键时刻，孩子要在其中学会把不情愿甚至讨厌的事情办成。

我们找一个孩子普遍讨厌的事情：收拾自己的房间，来讲解大人如何传授执行技能。

我们先来看家长传授这个技能的具体环节：

（1）描述目标，进行时间估算。

（2）发出关键动作指令，给出步骤清单。

（3）执行，中途演示看表，倒计时。

（4）描述和分享完成后的喜悦心情。

假设我正准备把这个技能传授给我的女儿问问，按照上面的环节，我需要做：

（1）描述目标，进行时间估算

我说："问问，你猜，我们在多多来家里玩之前，能不能用半个小时把你的房间整理完？"

多多来我们家，是我特意选的传授执行技能的时间节点，因为它有明确的执行时间限制。半小时，是我对示范的时间估算，提出给问问，是邀请她也对时间进行估算。

时间估算能力就是预判做一件事情自己大概需要多少时间。这个能力是孩子进行时间管理的重要能力。一般来说，这个能力可以在孩子学习看表时同期培养。客观的时间只是数字，只有把时间放在具体的生活和事物中，时间才能被感知，才有意义。

无论孩子如何估算打扫房间所需要的时间，大人都可以表示赞同，然后表示要一起试试估算得准不准，并立刻提出完成后做一件孩子喜欢的事。

因此我会说："那我们就看看 30 分钟能不能收拾好！等收拾好了，你就可以准备和多多一起玩的手工材料！"

只要我把要做的事、所需时间、完成后的展望（有奖励性质的活动）描述清楚，这个环节就完成了！

（2）发出关键动作指令，给出步骤清单

我带着问问走到她的房间，说："问问你看，我们要收拾的包括你的床、桌子和玩具筐。你的桌子上有的东西只有你知道放在哪，你来整理吧，我来整理床。这样，我们用 20 分钟分别整理好桌子和床，最后 10 分钟，我们一起整理玩具筐！"

由于问问是一个喜欢写写画画的小孩，所以我用图画的形式列出了任务清单。我找来一个清单小本，在上面迅速画了两个格子，左边的格子我画了一张桌子，标明是问问的任务，右边我画了一张床，标明是我的任务，并在两个格子旁边写上"20 分钟"；然后我又在下面增加了一个大格子，在里面画上了玩具筐，标明这是问问和妈妈的共同任务，用时"10 分钟"。清单列完，我发出了一个关键的指令："我们开始吧！"

在面对讨厌做的事情时，孩子需要依靠有效拆分的能力把事情变得简单。一件困难的事，总是因为被分成几件困难的小事，而显得不再那么困难了。如果你再给每个被拆分出来的小事匹配上时间，就能让孩子感到一件一件做完是有可能的。

清单和视觉化，可以直观地展现事情的逻辑。相比收拾屋子这样笼统的指令，孩子更能够接受视觉化的信息。

打钩完成每个步骤，是这一环节中孩子的重要体验，一定要趁早让孩子开始做。孩子会因此意识到，即使是讨厌的事，也终有完成的时候，也会带来喜悦。

（3）执行，中途演示看表，倒计时

在问问三到六岁的阶段，我都是和她一起完成任务的。在这个过程中，我会演示我的心情、演示看表，再演示倒计时。

比如我会正面评价我正在处理的物件："呀，这个枕头好软哦！"

也会抽空正面评价问问执行的情况："你把这些书摆得好整齐啊！"

我会特意看表说："哇，我们都收拾了 15 分钟了，时间好快啊！"

我会播报倒计时："还有 10 分钟！玩具筐收拾完我们就结束啦！"

虽然过程中我会烦躁，但我得尽量抑制边收拾边数落问问的冲动。因为收拾房间已经是她很讨厌的事了，如果还要同时听我抱怨，那这件事就变得更加讨厌，她就更不愿意重复去做了。

至于在孩子几岁时，家长可以不再和孩子一起执行任务，

我对"课题分离^[1]"提倡的教育方式持一部分保留意见。

"课题分离"用于理解和处理一般人际关系是很好用的，那就是从理性上区分开你的事和我的事。你的课题你来负责处理，也是你承担责任；我的课题由我来负责，不用你干预。但当我面对孩子时，无论从情感上，还是从伦理上，我都很难和幼小的孩子区分出"你的，我的"。我至今也难以说出"这是你的房间，所以你负责收拾。我负责收拾我的房间"这样乍一听很正确，但是孩子听起来可能会感到冷漠的话。

随着孩子慢慢长大，课题总会分离，从幼儿园到小学，我还是愿意一遍遍地和问问一起面对她不愿意干但又必须干的事，我希望课题暂不分离。直到有一天，孩子独自一人面对不得不完成的任务，也能像我示范的一样，在内心宣布一下目标，估算一下时间，在清单上把步骤分好，然后对自己说："现在开始吧！"

在问问成长的过程中，我愿意让她时刻知道，我们是一个团队。这句话的关键不只是我要和她一起做任务，而是当结果不好的时候，我绝对不会突然跳到对立面否定和打压她。一个团队要有难同当，共同面对外界。父母的嘴脸因为结果骤然改变，是让孩子最难过的事。

---

[1] 心理学家阿尔弗雷德·阿德勒（Alfred Adler）提出的经典理论。阿德勒认为，在人际关系中，应当分清楚"自己的课题"与"他人的课题"。亲子教育中的课题分离提倡父母和孩子各自分清楚并处理自己的课题，互不干涉。

（4）描述和分享完成后的喜悦心情

完成后，我会和问问一起打钩并且说："打钩好开心啊！"

通常我会先描述打钩的快乐，把我感受到的快乐说出来给问问听。如果问问参与了全程，她就充分理解了我说的快乐：事情很讨厌，但完成它依然很开心。讨厌的事后面，也还是会有快乐的。

然后，我不会直接表扬问问，我会表扬成果："房间整齐以后，都变亮了！收拾30分钟变化就能这么大！"问问也会看到她的成果，这是劳动换来的，她感到了付出后的回报和欣慰。

当然还有最后一步——兑现事先说好的奖励。我说："你准备和多多一起玩的手工材料吧！"

以上就是我在孩子的生存时间传授执行技能的整个过程。随着传授过程的不断重复和孩子年龄增长，渐渐地这四步我们可以不用都做。如果孩子自己就可以描述目标、估算时间、展开执行，那就说明他已经习得了这些方法。我们给到的示范和帮助可以奉行最小必要原则。如果孩子只需要我们提供一个环节的帮助就够了，我们就不再提供其他环节的帮助。

表12　传授执行技能步骤详解

场景：收拾自己的房间

第一步：
描述目标，进行时间估算

家长描述：
要做的事+所需时间+完成后的展望

"我们在多多来家里玩之前，能不能用半个小时把你的房间整理完？等收拾好了，你就可以准备和多多一起玩的手工材料！"

第二步：
发出关键动作指令，给出步骤清单

指令：
桌子，二十分钟，问问负责
床，二十分钟，妈妈负责
玩具筐，十分钟，问问和妈妈负责

"我们要收拾的包括你的床、桌子和玩具筐。你的桌子有的东西只有你自己知道放在哪，你来整理吧，我来整理床。这样，我们用二十分钟整理好桌子和床，最后十分钟，我们一起整理玩具筐！"

第三步：
执行，中途演示看表，倒计时

执行1：正面评价家长正在处理的物件	执行2：正面评价孩子执行的情况	执行3：演示看表	执行4：播报倒计时
"呀，这个枕头好软哦！"	"你把这些书摆得好整齐啊！"	"哇，我们都收拾了十五分钟了，时间好快啊！"	"还有十分钟！玩具筐收拾完我们就结束啦！"

第四步：
描述和分享完成的喜悦心情

描述1：家长和孩子一起打钩	描述2：表扬成果	描述3：兑现事先说好的奖励
"打钩好开心啊！"	"房间整齐以后，都变亮了！收拾三十分钟变化就能这么大！"	"你准备和多多一起玩的手工材料吧！"

03　培养逆境人格

2016 年夏天，我女儿刚满三岁。友人告诉我，问问还处在祥和美好的学前阶段，家长真正的焦虑在孩子入学后才会开始。因为到那个时候，眼前这个可爱的小孩将进入残酷的人类社会竞争中。

作为大人，我们每天都在竞争。作为曾经的小孩，我们对升学竞争也不陌生。但身为家长，当时的我并不知道未来自己会因为孩子产生多少焦虑。我只能先观察和摸索，以求拥有先见之明。

像前面"积极解读"一节介绍的那样，为了让女儿成为坚韧的人，我和叶先生开始一起读坚韧者的传记，也陪女儿一起看各种励志电影。每个主人公的故事都让我意识到，大部分的人生难题，前人都已经为我们解答过千万遍了，到处都是活生生的错题本。如果我们从中仔细观察、认真总结，是不是就可以得到应对逆境的标准化实践指南呢？

比如，新一代的迪士尼公主电影就是养育女儿极好的积极解读框架，其中充满了自由之思想、独立之精神、保护自己和所爱之人的技能、组队试炼出的友谊、出发与战斗的勇气、对使命和理想的寻找等。理论上，把以上品格设定为目标，倒推用什么样的方法可以培养出这些品格，就应该怎样

育儿 [1]。

但对理想主义的动画片进行归纳提炼未免也太虚幻了。真正的应对逆境的标准化指南肯定得来自真实的人、真实的事儿。可是对于未来还一片混沌的小孩，没有什么样本可以提炼出她能够理解的方法论。

这时候，2016 年巴西里约热内卢奥运会开始了，全家一起收看了中国女排的比赛直播。8 月 21 日那天，我们这一代人甚至几代人的励志偶像中国女排，3 比 1 逆转战胜了塞尔维亚，夺得冠军。郎平教练在执教生涯的第三次奥运会决赛中终于取得胜利，中国女排时隔 12 年重回奥运之巅。直播中的女排队员流着热泪拥抱庆祝，我们在电视屏幕前欢呼，问问也在雀跃，突然间，我感到心明眼亮了。

就是在 2016 年的夏天，我们对问问的培养策略发生了改变。我们开始每周给她安排三次以上的运动训练。

再之后，我收集了大量中国女排和各类顶尖运动员的训练和成长信息，发现运动员这一行业天然具备阶段性逾越逆境的方法：他们从醒来到睡去的时间，都在追求逾越逆境的赛点，追逐胜利和荣耀。于是在 2018 年，我把运动员跨越赛点、逾越逆境的方法提炼成"运动员密码"的概念，作为成人在生存时间中掌握主动权、逾越逆境的方法论，纳入"趁早"的时间管理课程之中。

---

[1] 我在 2022 年出版的《总会过去 总会到来》这本书中，将这些具有现代独立精神的迪士尼公主们称为"大公主"，她们身上拥有珍贵的品格（如坚毅、专注、言而有信）和各自的特长（比如武术、弓箭等）。——作者注

2020 年秋天,《五种时间》出版,《运动员生存手册》[1]发行,郎平教练高度认可"运动员密码"的价值,并为《运动员生存手册》写了序言。

运动员从踏上竞技体育这条道路开始,每一天都身处生存时间,每一天都在为竞争做准备。"运动员密码"就是他们应对逆境和获得晋级的有效方法论。大人可以主动将"运动员密码"落实在孩子的时间表中,当孩子身处逆境,与其唠叨指责孩子"不尽力",不如找资源、想办法,看看如何更好地激发他使出应有的力气。

以下,就是运动员密码在家庭教育和成长中的应用。其中提到的"运动"并不一定指体育运动,而是可以迁移到不同领域、不同学科和不同场景。也就是说,无论大人还是孩子,不必成为真正的运动员,也可以从运动员密码中获得启发,让自己在应对逆境时有章可循。运动员训练的是身体肌肉和参赛技巧,训练得越科学有效,运动员就越能晋级和取胜。对于我们大多数人而言,我们在逆境中需要的是强壮的"精神肌肉",这也同样可以通过刻意练习获得。在压力和竞争中,如果孩子缺乏"精神肌肉"的训练,就很难应对人生中的各种意外和挑战。所以,作为大人,我们要把这些训练和准备工作写入孩子的时间表,花时间去帮孩子训练"精神肌肉",获得逾越逆境的能力。

---

[1] 趁早文创产品,以五种时间理念中的"运动员密码"为设计思路,向优秀运动员学习逾越难熬的生存时间。

在生存时间里，具备运动员人格的人只聚焦五件事，这五件事，我们把它叫做"运动员密码"。

第一，运动员要努力了解自己的特点和天赋、身体素质和日常情况。

运动员在成长过程中会不停地研究：自己到底是协调性好，还是核心力量好，抑或是爆发力好？是善于独自作战，还是团队合作？同样，当孩子从事一项有竞争性的科目，也会不由自主地开始思考：我的身体和能力是否适合这个科目？我和其他人比有什么优势、有什么劣势？什么是我的机会？什么是我的挑战？当孩子开始面对竞争，他就会观察到自己与别人的不同和差距，也能够承认差距，继而认识到科学和重复的练习是多么重要。

大人在这个环节中负责引导孩子像运动员一样去观察和了解自我。尤其是一些真正的科目比赛，可以让很多在家里骄纵的孩子获得一个客观看待自己的视角。快就是快，慢就是慢，成绩是不骗人的。

表13 了解你的孩子（家长填写）

#学业科目

在目前学习的所有科目中，

孩子擅长的科目有 _____

孩子不擅长的科目有 _____

#身体特点

孩子的身高是 _____ 体重是 _____ BMI指数是 _____

*BMI指数计算公式：BMI=体重(kg)/身高(m)^2

在尝试过的所有运动项目中，

孩子擅长的项目有 _____

孩子不擅长的项目有 _____

在下列身体特质中，孩子具有优势的特质是：（在框中打钩）

☐ 爆发性　　　☐ 耐力　　　　☐ 力量　　　　☐ 柔韧性

☐ 灵活性　　　☐ 平衡能力　　☐ 心肺功能　　☐ 节奏感

#性格特点

在下面的描述中，符合孩子的表现的特质是：（在框中打钩）

☐ 喜欢独立完成事情	☐ 喜欢与其他孩子合作
☐ 喜欢待在安静的环境中	☐ 喜欢待在热闹的环境中
☐ 喜欢人文场所 如博物馆、图书馆等	☐ 喜欢自然和户外场所 如公园、森林等
☐ 喜欢带领其他孩子完成游戏	☐ 喜欢跟随他人的指令完成游戏
☐ 喜欢制定计划和执行计划	☐ 喜欢在没有计划的情况下随机选择
☐ 喜欢遵守规则	☐ 喜欢挑战规则
☐ 喜欢能力范围内的事情	☐ 喜欢具有挑战性的事情

第二，运动员一定都配备有教练和指导者，也都有榜样。教练会根据运动员自身的水平和特点给出训练计划。

脑神经科学家告诉我们，做计划的能力是一种前额叶皮质能力[1]，其增长的根本在于训练。

当孩子参与了某个正式科目的竞赛，就会熟悉两个非常重要的元素，一个是教练，一个是训练计划。这两个元素会让孩子了解到，想在一件事情上进阶，越来越厉害，可以参考过来人或是高手的建议。这些建议包括标准动作和知识的掌握，它们是捷径，会帮孩子节省非常多摸索的时间。教练常常以师长的样貌出现，孩子往往会把教练当成自己最重要的榜样去学习和崇拜。寻找榜样和向榜样学习，是孩子在成长过程中至关重要的激励来源。同时，孩子也知道了，除了妈妈爸爸，厉害的人和可以学习的人广泛存在，想练习哪个科目，就到哪个科目中去寻找，一定可以找到。

同时，教练给出的训练计划也会让孩子理解进步的本质。他只要接触过长达几个月甚至一年的训练计划，就会明白进步需要过程和时间。只要沿袭合理的计划走下去，一定看得见阶段性的成果。这个道理放在语文、数学和其他科目的学习上，也同样适用。

---

[1] 大脑的前额叶皮质又称为大脑的"控制中心"，它掌管着我们规划决策、自我管理、注意力分配等多种能力。

表14　找到孩子的榜样和教练（孩子填写）

#找到我的榜样

我的榜样是：_____

他/她取得过的成绩或者成就是：_____

为了更加了解他/她，我可以

阅读他/她的传记，名字是：_____

_____

观看他/她的纪录片，名字是：_____

_____

为了实现目标，我的计划是：_____

_____

#找到我的教练

我的教练是：_____

我的目标是：_____

为了实现目标，教练和我制订的计划是：

☐　　　　　　　　　☐

☐　　　　　　　　　☐

☐　　　　　　　　　☐

时间：_____

第三，运动员都经过了艰苦卓绝的训练，运动员每天都在1万小时里。

运动员通过训练把他们的长板变得无限长，其间经历的重复和艰苦远远超过了其他人。重复训练的过程就是实现

"神经可塑性"[1]的过程。当人长期练习某一种大脑功能时，负责这个功能的脑区就会得到成长，长出更多的神经纤维，并连接成新的神经网络。只要训练持续，人的大脑终生都可以改变。

孩子一旦开始某项长期的专项训练，重复训练就会成为必不可少的过程。孩子会由此深深了解重复和结果的关系。当孩子通过训练果真找到了长板，进入了1万小时，那么就进入了育儿的下一个阶段——"成就时间"。

关于1万小时和长板的问题，我们会在下一章"成就时间"专门介绍。

第四，运动员随时随地都有对手，这是一个非常关键的元素。

可以说，这是运动员与我们平常人区别最大的地方。一般人都会非常反感竞争对手的存在，生活中也不会每天都有竞争对手。而运动员则不同，他们在运动队的每一天都会随时涉及成绩和排名，要持续和对手们在一个序列上争夺名次。同样，如果孩子参与了某个科目的比赛，就会知道，要想获取成功就需要和同级别的对手竞争。

竞争，基本上都是在同层次的人之间展开的。所以，很多事我们觉得焦虑，竞争对手也一样会觉得焦虑；我们觉得不容易，对手也不会觉得很简单，比的就是谁能挺过去。

---

[1] 神经学家们发现，重复性的经验会对大脑的结构产生影响。2000 年，埃里克·坎德尔通过神经突触可塑性的研究获得了诺贝尔生理学或医学奖。

这其实是我们生而为人面临的永恒处境。无论我们是否具备大家常说的输赢心，无论我们是积极还是消极地参与竞争，竞争都无处不在。无论孩子学绘画、学音乐、写作文、学英语、学数学、下围棋，还是从小学到大学的成绩名次，无论是中考、高考、考研、托福、雅思，还是职场，人永远在被排序。竞争这件事是无可回避的，或者说只要我们选择了生育，就选择了带一个孩子来到抢夺和竞争资源的赛场。而我们正在世上生存的这群人，本身就是一代一代人竞争后的结果。人活着就没有一劳永逸。即便我们获得阶段性竞争胜利，获得成就，其结果也只是把我们推向更高或更新的平台，重新开始更为激烈残酷的竞争而已。身处竞争，没有人能完全免除焦虑和挫败感。

我在女儿几个月还在学站立的时候，有一天看着她不停地练习站起来又摔倒，一次次反复，内心突然产生了一种对生而为人的悲悯。那天我意识到，我带她来到这个世间，她就要无数次面临站起来、摔倒、重新站起来的过程。她必须充满勇气，不懈怠，才能一次次地等到胜利的时刻。总有一天，我没有办法扶助她、安慰她、鼓励她，她必定要靠自己克服所有的难题。也是从那天起，我就有了我在前面提到的那个重要的育儿目标：我希望我的女儿成为坚韧的人，遇到困难、压力、逆境，能够应对和修复自己，然后从中获得成长。

第五，运动员永远筹备下一次比赛，永远去争取下一个赛点。

表15 超越我的对手（孩子填写）

我的对手是：

他/她所在的领域和取得的成绩是：

分析我们的特点

他/她的优势：

他/她的劣势：

我的优势：

我的劣势：

我的突破点是：

我希望能在这一天超越他/她：

年　　　月　　　日

竞争是我们逃无可逃的基本生存状态，如果我们恐惧竞争，就提前失去了一切。我们需要重复练习，带着有准备的心态参与竞争，并允许竞争成为日常的一部分。重复练习未必能帮我们取胜，但却能让我们保持基础水准恒定。只有基础水准恒定才有机会成为高手。

如果你的家庭重视世俗成功，那就需要知道，世俗意义上最差的位置，会被那些拒不接受竞争的人们预定好。人以何种状态生活当然是自由的，但自然和社会就是要淘汰最缺乏竞争力的生物，这规律不以人类的意愿为转移。

这也是我不仅鼓励女儿参与运动，还鼓励她积极参加比赛的原因。因为我希望她一次次体验输和赢，体验懊悔、体验胜利、体验来自队友的欢呼，并把这些当作生活和成长的一部分。我尤其希望她知道，人不是等变得完美了再参加比赛，而是在比赛中变得完美。

坚韧的人输掉比赛也会感到焦虑和沮丧，但区别是，焦虑和沮丧后他们依然会积极行动，再次争取胜利。

我知道很多大人对参加比赛和输赢心都有不同的观点，认为孩子这么小就有输赢心太累了，认为大人应该告诉孩子输赢不重要，过程和参与才重要，要有平常心。我当然希望我的孩子快乐，但我不能为了让她不难过，就告诉她这个世界不必去赢。如果这样，我就没有告诉她这个世界的真相。她每一次练习和出发都是去争取赢的，当然也要做好体验输的准备。所以，要做一个真诚的人，首先是敢于说"想赢"，接受自己的欲望。人生要争取赢，体验输，但不能因为害怕得不到，就假装自己不想要。

如果说生存时间有快乐，那就是面临煎熬的时候，知道自己有忍耐和等待的能力。人即使在环境很差、心情很糟的时候，也有能力让自己找到在那个环境下仅有的快乐，以及知道我还能扛，我还能忍耐。当知道自己能够克服逆境的时候，人真的会很快乐。内心强悍的孩子，有着知道自己强悍的快乐。

行动方案　让孩子参加比赛

我们的孩子如何运用"运动员密码"培养逾越逆境的能力呢？毕竟运动员每一天遇到的挑战都不是我们的日常。跳水皇后吴敏霞说过这样一段话：

"不一定每一个孩子都要从事职业竞技体育，但每个孩子都应该有一个坚持锻炼、持续刻意练习的体育项目。运动对于一个人意志力的锻造、毅力的考验，甚至心性的打磨、性格的养成，都有着难以替代的作用。如何懂得练习的意义和坚持的力量、如何看待胜负输赢、如何跟伙伴合作、如何尊重对手、如何面对外界的压力，这些心态的培养都是可以通过运动收获的宝贵财富。"

受此启发，结合我在 2016 年中国女排夺冠时刻发现的"运动员密码"，我找到了"要孩子形成怎样的人格"这个问题的正确答案：培养具有运动员人格的孩子。

2021 年春天，我和叶先生正式为 8 岁的女儿问问选择

表16　寻找一个又一个赛点（孩子填写）

比赛项目名称：

我现在的成绩是：

赛点	计划
1	比赛名称：_____ 比赛时间：_____ 我希望取得的成绩是：_____ 我的准备工作是：_____ ☐　　　☐ ☐　　　☐
2	比赛名称：_____ 比赛时间：_____ 我希望取得的成绩是：_____ 我的准备工作是：_____ ☐　　　☐ ☐　　　☐
3	比赛名称：_____ 比赛时间：_____ 我希望取得的成绩是：_____ 我的准备工作是：_____ ☐　　　☐ ☐　　　☐

了壁球作为体育运动训练项目。

2023 年夏天，问问 10 岁，取得了 2023 年全国青少年壁球女子 U11（10-11 岁组）的冠军，并入选了亚洲青年壁球锦标赛。

如果你的孩子不擅长体育，你也可以给孩子报名参加其他比赛，比如各种各样的学科比赛。你要让他知道取得好成绩需要的水平，以及为此需要做哪些准备。然后，让他自己去体验输和赢、懊悔与荣耀。

我家的案例

问问 9 岁的时候，有了一个新的榜样——滑雪冠军谷爱凌。问问很喜欢看谷爱凌的视频采访，看她遇到困难和挑战时，遇到学习和运动时间冲突的时候，是怎么说、怎么做的。于是，我和问问共同制订了一个双引擎计划，我们给它起了一个名字，叫作"谷爱凌计划"，因为谷爱凌就是这样学习的。

表 17　妈妈和问问的谷爱凌计划

执行启动日期	2023 年 5 月 8 日
目标	到 2023 年底，日积月累建立专注习惯和深度学习流程。
口号	微小积累，持续改变，时间看得见！
行动	创造家庭学习氛围，每天固定学习 90 分钟。

任务 1　专注精读一小时
（中间不休息，英文精读可定期替换成中文精读）。

描述	学习精读的方法。 记录生词到生词本，并复习前一天的生词。 研究和记录错题到完全明白。 熟读五遍以上。 问问精读英文 Reading Explorer。 妈妈精读英文 TED。
工具	学霸手册

任务 2　每天数学 30 分钟

描述	问问做数学题 30 分钟。 如果遇到不理解的概念，反复学习直到学会。 爸爸负责陪伴回顾前一天的错题。
工具	错题本。 错题一定在错题本打印粘贴或抄写。 每收集 20 道错题，进行一次错题考试。

04　自证预言

接下来这套方法，是我至今认为最高级别的逆境应对秘籍。无论对孩子还是大人，都有着支柱性的力量。

在美国心理学家阿尔伯特·艾利斯的 ABC 理论中，信念，以及由信念带来的对事物的解读可以改变人们对事物的自然反应，包括情绪反应和行为反应。我在第一章提到农耕家庭、游牧家庭和航海家庭时，也阐述过不同的家庭信念。信念，是每个家庭对世界的描述和解释，是每个人做决定时的依据，它可以帮你去掉那些脑海中断断续续、忐忑忑忑、犹犹豫豫、悬而未决的杂念。

人会被信念深刻地影响。

我认为，最能够帮助人穿越逆境的信念是，这个人打心眼里就始终相信，自己足够勇敢、耐心和幸运，自己就是那个能够克服困难、走出逆境的人。

就像电影《黑客帝国》里的尼奥，《出埃及记》里的摩西，《西游记》里的齐天大圣，这些盖世英雄一开始并不知道自己是谁，但突然有一天接到一个预言，有更高维度的声音告诉他，他被选中了，他是 the one（唯　）。从此他得到召唤，走上人生征程，最后真的解救了自己，也解救了世人。

这些英雄传说在我们普通人的生活中也会发生同样的效应。假设有一个你身边的人，甚至陌生人，异常笃定地告诉你：你会成为一个很厉害的人！他笃定的态度似乎在说他已经看到未来了，他现在穿越回来告诉你。我们在武侠小说中也经常看到这样的场景：一位老者对一位少年说，"这位少年，我看你骨骼清奇，我有一本武功秘籍，助你达成心愿"。如果这种事真的曾经发生，你可能真的会在冥冥之中确信自己的未来就是如此，你可能会少很多犹豫和内耗，变得坚定，早早就开始攀登人生高峰。

在我看来，真正幸运的人生就是，在此生的关键节点，有那么几个人，仿佛带着时光机的口信告诉你，你很厉害。你可以回忆一下，成长中那么多的胆怯和犹豫，是不是因为当初没有一个人跟你说过这些话，没有给你一个最优版本的未来预言。

虽然我不相信什么神力和时光机的存在，但我相信心理学上"自证预言"的力量。

自证预言 [1]（Self-fulfilling prophecy）是指人们会不自觉地根据已有的预言去采取相应的行动，从而使最终的情境和结果符合了预言的描述。

自证预言的核心理念是，人们的信念和行为之间存在着正反馈关系，即我们的信念会影响我们的行为，而行为又会加强我们的信念。因此，如果我们相信某种预言，我们的行为就会朝着预言的方向发展，最终实现预言所描述的结果。如果我们发现预言预测得如此准确，实际上是因为我们参与了实现预言的过程。自证预言在心理学和社会学领域有着广

---

[1]　心理学家罗伯特·罗森塔尔将自证预言称为"皮格马利翁效应"。皮格马利翁是希腊神话中一位善于雕刻的国王，爱神阿芙洛狄忒被他的热爱和专注打动而赐予了雕像生命。在罗森塔尔的实验中，被教师寄予期待的学生真的出现了智力测验结果提升的现象。

泛的研究和应用，它可以影响我们的态度、行为和成就，对我们的生活产生重要影响。

自证预言理论指出，我们的人生是"被期待"的结果，即使预言本身是假设或者是无意的，但当它被说出来，且被相信，最后就有可能成为现实。

幸运儿大概都是那些自认为运气好的人，成功者也往往是那些一直认为自己能成功的人。 如果我们想要好运气，想要取得成功，我们就要相信自己就是幸运儿，自己就是未来那个成功者。只有我们自己真正相信了，"自证预言"才有可能发挥作用。相信是一种能力。大部分人都是看见了才愿意相信，少部分人信所未见之事，而后用信心和热情去持续浇灌它，让它成为现实。

每一种家庭信念都会给到子女相应的自证预言。在生存时间中，也就是在我们遇到逆境时，信念的力量强大深远，积极解读是一种解决方式，因为积极解读本质上是对所持信念的反复诉说。大人给了孩子一个目标，孩子深信这个目标会实现，并且展开行动去实现它，于是目标真的实现。那些很早就找到了榜样，有了梦想和计划的孩子，都是因为很早就接受过正向预言。

在家庭教育中，在顺其自然和自证预言中，我选择自证预言。

自证预言的反面是，如果你对自己的未来不抱期望，告诉自己命中注定就该如此，那么，你的动机会由于对未来的悲观预期而降低，你的表现会因此而消极。当事情进展得不够顺利，你也会立即视之为重大挫折，消极与挫折叠加，事情就朝着预测中没有希望的方向发展。你表现出的行为，会让自己的命运越来越不可控。周围的环境也会在你消极行为的影响下，对你越来越不利。这样的人生就像多米诺骨牌，毫无抵抗地一片片倒下。

就像查理·芒格所说："无论何时，如果你觉得有东西在摧毁你的生活，那个东西就是你自己。"

在家庭中，最持久和最具力量的当然是原生家庭的信念，最容易成真的当然也是原生家庭的预言。这就像农耕家庭为孩子展望稳定的未来，游牧家庭为孩子展望在别处的未来，航海家庭为孩子展望创造的未来，孩子常常会深信不疑而且执行到位。预言在孩子心中会形成强大的潜意识与自我暗示：我就是这样的人，我就是会这样生活，我终有一天会把这个愿望实现。

自证预言的逻辑不是我试试去立个目标，看能不能实现，而是我在内心深处认定我就是那个会实现梦想和完成目标的人，那个人就是我。

以上这些原理让人心潮澎湃，既然说什么就是什么，那么，把"自证预言"应用在儿童家庭教育领域，给孩子一个逼真的预言就行了呀。当你认为人生是熔炉，你就是钢铁洪流；当你认为人生是宝藏，你就是寻宝人；当你认为人生是山峰，你就会成为登山者；当你认为人生是赌场，你就是赌徒。

愿景是要被相信的，相信的人才会做，做了才能证明是对的。

那我们该怎么操作呢？

你要写下来、说出来，然后一遍遍重复，让这预言正式成为家庭中反复可读的重要文献。

阅读到这里，你可以开始梳理第一份正式的家庭文件，写下家庭信念，以及相关的预言了。填写时，充满仪式感的过程会让家庭成员感觉郑重和深受感染。

如果你觉得这个计划可写可不写，目标可设可不设，那就写吧；

这一节里面的预言自证原理，你觉得可信可不信，那就信吧。

依然怀疑这里面充满玄学的家长，可以使用数学中的枚举法来推导一遍：

> 如果预言存在，我相信并争取，那么预言会实现，这是最优结果。
>
> 如果预言不存在，但我坚信自己很厉害，一直在争取，我最后得到的是我争取过的命运，是次优结果。
>
> 如果预言存在，我不信预言，我没有争取，会获得一个没有争取后的结果。
>
> 如果预言不存在，我不信预言，我没有争取，依然会获得一个没有争取后的结果。

综上所述，信预言的人，要么实现了预言，要么获得了次优的结果；而不信预言的人，因为没有争取，所以得到了最差的结果。做完这样的推导，你一定会选择相信。

行动方案 填写家庭预言

表18 家庭预言

家庭成员：

_____

在我们家庭中的孩子未来会拥有的人格特质是：

_____

在帮助孩子规划人生时，你最看重的因素是：

_____

我们家庭会为孩子创造的成长环境是：

_____

在家庭成员相处时，我们会遵循的原则是：

_____

当家庭成员面对困难时，我们相信：

现在，我们将生存时间添加到孩子的时间表中。每个孩子的生存时间有着不同的内容，只要是需要克服困难，用运动员密码的方法培养坚韧品格的时间都是生存时间。

表19　问问的时间表（加入生存时间）

时间	周一	周二	周三	周四	周五	周六	周日
6:00	体能晨练		体能晨练	体能晨练	体能晨练		
7:00							
8:00						玩乐高	
9:00							室外活动
10:00						壁球训练	跆拳道训练
11:00			上学				
12:00	上学	上学		上学	上学		
13:00							
14:00						作业	
15:00							作业
16:00	室外活动	壁球训练	壁球训练		跆拳道训练		壁球训练
17:00		玩黏土		壁球训练			
18:00							
19:00	专注精读	专注精读	专注精读	专注精读	全家一起看电影	全家一起观看比赛	
20:00	数学	数学	数学	数学			

第五章　成就时间

这一节，献给所有学龄儿童的家长。

孩子进入学龄阶段，意味着他的人生就此进入追逐与竞争的洪流，他将和其他人一样前仆后继，乐此不疲，从期末考试成绩一直绵延到世俗成功。其中的要义，孩子最好早早领会。

但孩子眼中的成就和大人世界里的有所不同。与其说孩子需要成就，不如说孩子需要确切的、重复发生的成就感。成就感是取得成就后的积极情感体验，是快乐、满足与欣慰交织的感受。

孩子需要成就感，而大多数成就感来自竞争。整个育儿之路上最大的难题在这里凸显，竞争的压力不仅困扰着孩子，也困扰着家长。我们给孩子带来生命，而生命本质上就是破土而出、迎难而上。这一路上，谁又能真正躲避竞争呢？

在这部分，我们要与很多育儿道路上无法回避的问题正面交锋，这就意味着我们决意专门花时间、花精力同自己的孩子一起深度参与一系列筛选和竞争。

育儿之路走到这里的时候，希望我们都已经准备好了。

01　集中精力干大事

　　一直以来，人们对怎样凸显自己的优势、如何生存与变得自信充满了兴趣，并且在上面花去了巨量的时间。但世界上并没有抽象的自信，只有面对特定事物时的自信，当人不懂自己正在面对什么时，自信就难以发生。

　　成就是指人们在某个领域取得的成功或有价值的成绩。它可以是个人努力和付出的收获，也可以是团队共同努力取得的成果。成就可以是物质上的，比如获得劳动后的报酬或竞赛的奖品；也可以是精神上的，比如实现了愿景或终于获得了认可。

　　成就给你自信，成就意味着你掌握了技能，掌握了充足的信息，对事件的体验和评价充满了把握，并形成了主见。娴熟的技能会让人在某个领域感受到自由以及未来的多种可能性，并依此亲手创造出自己的生活。这种创造让现实和未来都不再是一种幻想，而是一种"我可以做到"的信心。

　　能给人带来积极信心的能力，就是核心竞争力。

　　核心竞争力的价值被验证，就是成就。

　　用于训练和形成核心竞争力的时间，就是孩子的成就时间。

　　掌握核心竞争力，意味着你必须具备别人难以比肩的"长板"，意味着在这个领域你比其他人有更娴熟的技能、更深的钻研和更透彻的理解。当有一天面对问题，这块"长板"能提供给你专业级的对策，你会在此基础上发展出解决复杂问题的能力。等到这一阶段来临，你就拥有了立足社会的能力。

如果大人可以发现孩子的核心竞争力，就意味着在孩子追求成就感的路上找到了方向。

让我们来一起看看取得成就过程中的关键要素：

成就 = 选择 × 执行 × 时间

选择方向，再沿着方向执行，并坚持足够多的时间，是一切成就的必经之路。

为了让孩子成年后武艺傍身，我们必须从长计议。我们首先要做的就是挖掘和培养孩子的核心竞争力。于是，在孩子的时间表中出现了两项关键工作：

（1）选择方向：帮孩子寻找和发现核心竞争力。

（2）长期执行：在核心竞争力上付出足量的时间去实现循环增强。

这两项工作之重要，上升到家庭教育的中心任务和基本点也不为过——

以培养孩子的核心竞争力为中心，坚持以禀赋和热情为方向，坚持调整时间表，长期执行。

在寻找孩子核心竞争力时，大人绝对不能轻视遗传因素和孩子身上一些不可解释的优势，也就是孩子所具有的禀赋。我们要承认，禀赋的力量是惊人的。在某一方面拥有禀赋的人，真就胜过缺乏禀赋的人持续地努力。大人一路走来，一定对此深有体会，即便不想承认，也会承认。

我们使用"禀赋"而不是"天赋"这个词，是因为天赋往往用来形容那些极其稀有和罕见的能力，包含天才的意思。而禀赋不同，禀赋你我都有，每一个孩子都有，在商业领域，我们把它叫作"差异化"或者"独特性"。

一旦明白禀赋就是差异化或者独特性，事情就好办了。

这就意味着我们不需要上来就死磕或者押注哪一个赛道，而是可以通过多样但浅层的测试，用最短的时间摸清孩子潜在的独特性可能在什么方向：美术还是体育？历史还是科技？做买卖还是做学问？但凡发现孩子在某一个方面敏感与保有热情，但凡发现有一点长板的征兆，家长就可以开始收集信息和资料，同时持续观察，以期从某个节点开始，让孩子专心把这块长板做到远超平均水平，甚至长出天际，成为护城河。

在一个领域把孩子小小的禀赋发扬光大，达到优秀，远胜过让孩子把其他短板补到平均水平。通过这样的方式，孩子就可以建立自信，凭借禀赋带动其他配套能力的发展，形成良性循环。

孩子在学龄阶段，除了要面对学业竞争，也要面临多种才能的竞争。这时候，挖掘和发展禀赋就意味着选择：什么考试过关就行？什么考试要严防死守？什么考试必须建立起护城河？对不同禀赋的人而言，选择起来会完全不同。

身为家长我们要集中精力办大事，把注意力聚焦在孩子的禀赋上，帮助他将禀赋发展为优势，让长板足够长。这一切不是为了孩子将来行走江湖时有一招鲜的本事，或者遇到竞争时可以田忌赛马，而是为了塑造出优秀的大脑和自我认知，让孩子在擅长的领域获得自信，相信自己是优秀的，从而带动多种能力的增长，同时也能容忍自己其他方面的平庸。

为了达成以上目标，在成就时间中，大人的第一项工作就是观察孩子的禀赋和热情。

核心竞争力最可能的起点，就是禀赋和热情所在的地方。而禀赋和热情出现的时候，都有着鲜明的特征：

当孩子做某件事，付出同样的时间精力，却能取得超过一般水平的结果，就是禀赋。当孩子遇到一个事物，可以长久地被吸引，可以投入和专注于其中，就是热情。

如果你的孩子在一个学科或项目入门的过程中，不费力就可以达成其他人努力后的结果，这就是禀赋；当处于同样的能力阶段，其他人已经放弃和倦怠的时候，你的孩子依然兴致勃勃愿意一试再试，这就是热情。如果刚好禀赋和热情同在，恭喜你，你已经发现了孩子的核心竞争力。

孩子的禀赋可以协助我们做出选择。热情可以推动他执行，克服途中各种困难，让执行绵延到最长的时间。热情会让孩子在单位时间内只对核心竞争力做功，直至把他在这方面的能力推向远超平均水准的程度。

相对于禀赋，热情更容易观察到，那就是孩子表现出喜欢，乐于投入。一旦你发现孩子对哪一方面保有热情，就要珍视，并且立刻抓住，给孩子以反复投入的机会。偶发的热情会跳跃飘忽，常燃常熄。但即使只是热血瞬间涌上心头，也远胜过没出现过这个瞬间，因为那是让奇迹发生的火种。即使只是短暂的兴奋和流连，也一定点亮了孩子大脑某处的神经元。大人能做的，就是珍惜和把握孩子一次次点亮自己的可能性。热情发生前的孩子，和热情发生后的孩子，已经不同了。

大人帮助孩子找寻禀赋的方式可以是等待禀赋随机出现，然后立即把握和挖掘，也可以是主动尝试、主动筛选。

随机出现，就是顺其自然，碰到什么是什么，让孩子自己迎上成长中遇到的大小事件，自然迸发兴趣。在很多自传里，主人公都是在幼年时期自己找到了一生的志趣所在：王羲之幼年就喜欢写写画画、着迷书法；肖邦三岁就爱上音乐，观察姐姐弹琴；爱迪生从小就喜欢观察自然、喜欢问"为什么"。如果决定等待孩子自己发掘兴趣，大人就需要从孩子的角度审视一下环境，同时提出问题：这个环境中有足够的元素吗？我还能为孩子增添什么元素去扩大孩子的兴趣范围？

主动筛选，就是大人主动选择可能让孩子产生热情的事物，去测试，直至观察到可能的方向。主动筛选是随机出现的延伸。因为大人本身就是孩子的环境元素，无论为孩子挑选了什么样的图书、兴趣班和夏令营，对孩子来说都是环境中顺其自然、本来就有的元素。或者说，是孩子出生在你家就会遇到的元素。随机出现和主动筛选的区别是，大人是否愿意付出额外的时间精力和金钱去培育孩子成长的土壤。孩子的早期环境全都来自大人的选择和决定。

从这个出发点来说，孩子之间的基因和环境差别的确很大，一些家庭付出很大努力的主动筛选只是另外一些家庭的随机出现；而一些家庭的环境丰沛程度也不再需要家长做额外的主动筛选，单凭父母亲的职业和爱好营造的环境，随机出现的元素就足以让孩子眼花缭乱了。

表 20　主动筛选清单

父母家庭	幼儿园 / 学校	居住城市	信息摄取
职业 爱好 生活习惯	同学和朋友 老师 教育理念	地理人文 社会文化 经济特色	书籍 电影 媒体和网络

大人发现了孩子在某一方面的禀赋，心情一定是喜悦的。但这时候，大人往往会走入一个误区，在孩子取得成果的时候，在孩子面前夸大禀赋的作用，甚至让孩子觉得自己在这方面拥有天赋，是个天才。

在著名的教育畅销书《终身成长》[1] 中有一个很具有指导意义的观点——大人在赞扬孩子取得的成绩时，不应该赞扬孩子的天赋，而要赞扬孩子为此做出的具体努力；不要说

[1]〔美〕卡罗尔·德韦克：《终身成长》，楚祎楠译，江西人民出版社 2017 年版。作者在本书中指出，人在追求目标时的思维模式可以分为两种，一种叫做"成长型思维"，即能力可以通过努力来培养；另一种叫做"固定型思维"，即才能是一成不变的，更注重展示自己的才能。

"你真聪明"，而要说"你这个星期每天都认真准备了一小时，你看，有准备就有结果。"

禀赋可能是与生俱来的，而努力和主观能动性是自己可以掌握的。只有表扬孩子努力，孩子在努力之后收获了正反馈，日后他才会更加努力。如果家长把孩子取得的结果简单归因为禀赋，那么孩子就会陷入固定型思维，认为是禀赋决定了人能到达的高度。这种固定型思维对孩子的自我认知是十分有害的。日后当他遇到挫折，就会很自然地认为，之所以这件事自己干不好，是因为自己在这方面缺乏禀赋，他会因此而忽视持续而长久的努力。

这是一个很棒且很容易使用的方法，同时也是一种积极解读——对努力的重要性单独做出的解读。此外，这个方法也清晰地限定了这类解读的使用场景：当大人赞扬孩子的时候。

具有禀赋，并能够怀揣热情持久地努力，才能打造核心竞争力。当你发觉有的人总是处于"打鸡血"的状态，大概是他正处在核心竞争力增强，或者对结果的强烈期待之中。人总是这样，越强就越期待，于是自己把发条拧上，成就时间持续和频繁，并且越战越勇。

人在成就时间之中会充分自驱，醉心于磨炼和增强自己的核心竞争力。侠客在山洞里习武，一定对自己武艺日渐高强有所感知；但同时，他对结果又充满焦虑，因为习武到一定阶段后还是要出来比武。对于孩子们来说，比武就是学习后参加考试，就是运动训练后去参加比赛；对于职场人来说，比武就是产品到市场上看反馈。

比武是赢还是输，都有可能。赢是最直接的正反馈，取得经验是弱一些的正反馈；输就是遭遇挫折——经常性的挫折会让孩子状态从打磨核心竞争力时的热情跌落回逆境中的煎熬，也就是从成就时间跌落回了生存时间。

一旦回到逆境，大人就要重新思考孩子在这方面是否真的具有禀赋，或者孩子的禀赋是否足以支撑他在这一领域持续发展。如果答案是否定的，那么就应及时调整目标；如果答案是肯定的，大人就要及时为孩子提供积极解读和自证预言，再重新翻看时间表，安排上运动员密码。

02　阶段性效能崇拜

来到成就时间，也许你的阅读体验开始不一样了。在生存时间，你能感到让人热泪盈眶的爱与坚持，而在成就时间，你可能发觉文字间开始泛起"鸡血"和效能崇拜[1]。

作为时间管理的研究者，我首先旗帜鲜明地反对效能崇拜。

因为人不是机器，人无法夜以继日地工作和学习，也不会永远勤奋；人是复杂和感性的，在每个维度都有欲望和追求，贪玩、钻研和无聊会和谐地汇聚在一个人的身上。承认和接受这些存在，才是勇敢地面对人性；敢于和善于追求这些，才能获得丰富的人生。

但如果你想取得成就，在当今世界的节奏和信息干扰中，要是不能在特定时间把效能拉满，很多事就会做不成。取得成就，就是要如期如愿把事做成。特定时间的效能崇拜，就是要在自己掌握的有限时间内，又好又多、最好最多的把事做成。

如果你能用的时间只有一年，那就集中优势资源，用透这一年。

如果你能找到的时间只有一个月，那就死磕这一个月。

如果时间紧张到只有一天，你必须放弃睡眠、追求极限

---

[1]〔加拿大〕贾尼丝·格罗斯·斯坦：《效率崇拜》，杨晋译，南京大学出版社 2020年版。本书阐明了效能的概念，效能，即效率能力，也就是工作的投入和产出比；并指出，近代工业革命发展使整个社会越来越崇尚，甚至崇拜高效能，将人视为机器，追求更快、更远、更大、更多。

才能把事做成，那就放弃睡眠、追求极限。

同样，在育儿语境中，如果孩子在某个时间段中要取得关键性成果，那么，家庭就要找到用透时间和死磕时间的办法，协助孩子焕发出强大的执行力，如果这种执行被叫作"鸡娃"，那么该鸡的时候就得鸡。

你总有努力到超越身体极限、必须靠意志力支撑才能完成任务的时刻。能力和韧性取得突破和飞跃的关键节点，往往就在被截止日期和目标逼迫的时间中。有时候，不被逼迫，是无法体验飞越的。

非常时期蓄积非常能力，关键时刻能打硬仗，这些都是孩子对未来的演练。人生不可能全都是硬仗，但当它来临的时候，孩子会因为曾经被训练过而具备抗压能力。而真正的成就，往往就发生在这个阶段之后，就像本来每天只能前进十公里的人，为了如期到达，也可以做到每天前进三十公里。古往今来，人们获得成就的规律大抵如此。孩子也需要知道，自己是个能打硬仗、打过硬仗的孩子。

孩子即将迎来赛点时，经常需要为了备战比赛而增加大量的刻意练习时间：

表21　问问的时间表（比赛版）

时间	周一
6:00	
	体能晨练
7:00	
	早餐
8:00	
9:00	
	壁球
10:00	
11:00	
12:00	
13:00	午餐和午休
14:00	
15:00	比赛
16:00	
17:00	
18:00	
19:00	晚餐
20:00	休息

既然是硬仗，时间表就必须是强硬的，不到万不得已不可松动。单位时间中的任务也是定量的，效能需要充分拉满。强硬就是需要让孩子明确知道，在这段时间中，他要尽最大的努力，应对最高强度的训练。但这种强硬必须有一个前提条件：成就时间在一天中，有说好的开始，也有说好的结束。当他在完成任务之后，大人必须守信用，让他进入好玩时间或者健康时间中去。

　　再次温习这个公式：**成就 = 选择 × 执行 × 时间**。

　　公式中最难的其实是执行部分，而且是每次都坚决执行。成就时间体现在时间表上之后，就不能轻易撼动。任何人在向着目标前进时，都不能保证结果，能保证的只有按期投入。因此，在非常时期，大人就需要在时间表中设置"没得商量"的部分，这需要大人和孩子达成共识。

　　如果这个共识出现了问题，最大的家庭亲子冲突就有可能爆发。简单说就是"鸡娃逆反"。因为这时候，大人像是和"没得商量"的任务结盟，站到了孩子的对立面。家长似乎不是在和孩子一起挑战任务，而是在和任务一起挑战孩子。在这样的局面下，即使最初孩子对这个项目保有热情，愿意投入，也会转而认为这一切都是自己在大人的压力和控制下被动完成的，他会因此失去自主性和内在动机。

　　大人应该尽一切可能避免这样的情景发生，因为这个情景，实则与教育的初衷背道而驰。

赫伯特·斯宾塞（Herbert Spence）[1]表达过一个重要的观点："教育就是让我们教育的对象，有能力自我支配，而不是被别人支配。"孩子对大人的需求就如斯宾塞所说："他们只是想要来自家庭的支持态度，和独自解决问题的能力。"

细拆分下来，所有孩子的内心需求有三个层面：第一，希望获得自主权，有能力做出选择；第二，希望感到自己在某个领域有能力；第三，希望无论自己做到什么程度，都可以被父母接纳和理解。

孩子的这些内心需求叠加起来，也正是自我决定理论（Self-Determination Theory）[2]所倡导的内在动机。或者说，只有这几个需求被满足了，孩子才会有真正的自发驱动力。

每个家庭都可以根据自家信念，找到满足孩子内心需求的方法，而所有这些方法，都可以体现在一张时间表中。时间表的更新需要孩子和大人共同讨论决策。其中最关键的环节是，"没得商量"这个结论必须是由孩子最终给出的。

大人在其中当然可以暗示和引导，或者进行微妙的谈判，但需要在孩子明确内心目标的基础上做出引导。孩子比对着目标，计算过时间，最后自己推导出不得不这样订立时间表的结论。

我们来模拟一下孩子和大人更新成就时间表时的对话：

---

[1] 19世纪英国社会学家，提出了"快乐教育""自主学习"等概念。

[2] 〔美〕爱德华·伯克利、梅利莎·伯克利：《动机心理学》，郭书彩译，人民邮电出版社2021年版。书中重点阐述了自我决定理论的内容，认为人的内在行为动机主要出于三种与生俱来的心理需求，分别是：自主感，即自己决定的需求；胜任感，即证明自己能力的需求；归属感，即和他人建立联系的需求。

大人："这个月你最想花时间提高哪门课程的成绩？"

孩子："数学。我感觉数学越来越难了。"

大人："那你想提高多少？"

孩子："下次测验提高十分吧。"

大人："你有提高计划了？"

孩子："做题呗。之前肯定是做题不够，这个月可以加上。"

大人："那每周每天做多少啊，你说，我更新。"

孩子："我觉得不用每次非做一整套，把错题和概念不清楚的地方做一下就行。"

大人："好，那需要每周几次，每次多长时间呢？"

孩子："就按每周一到周五每天 40 分钟吧，可以睡前做，做完睡觉。"

大人："睡前你太困了吧，而且前面要是有什么没做完的事积压下来，就做不成了。"

孩子："那晚饭后做！"

大人："晚饭后刚吃饱，大脑的血液都流动到胃里去消化食物了，适合做数学吗？"

孩子："那晚饭前做吧，不做完不吃饭！"

大人："这个决心厉害啊，冲这个数学肯定能提分啊！"

孩子："那就按这个，你更新吧。"

孩子的成长千变万化，时间表也是。大人和孩子共同更新时间表就是互相深度了解的过程。孩子会自发梳理要做的事，与此同时也完成了对自己、对家庭的认同：

我在决定自己的时间表，而我的父母支持我的决定。

一切都在变化，而变化中的不变就是，家庭永远是孩子的港湾。

选择、执行是全家人的事，选择做得越正确，执行越容易。这也是为什么成就时间的选择方向最好落在孩子的禀赋和热情上。如果大人把禀赋和热情之外的项目选作核心竞争力来培养，会让孩子迎来数倍的煎熬、自我怀疑和内耗。凡是强迫的、被动的、为短期利益冲击的，都很难跑到终点。

03　一般足量时间

成就时间就是磨炼和提升核心竞争力的时间，家长应该让孩子矢志不渝地做下去。具体的执行方法应该是：我决定每天拿出一小时，让我的核心竞争力继续走向优秀，让我的长板变得更长，只要我累积1万小时，长板就能长出天际。

著名的1万小时定律[1]影响非常深远，应用在儿童教育领域，它所表明的就不再是1万小时的绝对时长，而是掌握技能和深度学习所需要的一般足量时间。

我们再强调一下这个时间概念：一般足量时间。

英国神经学家丹尼尔·列维汀（Daniel Levitin）认为，人类大脑要理解和吸收一种知识或技能，真的需要很长时间才能达到大师级水平。顶级运动员、音乐家和国际象棋选手需要1万小时才能掌握一项完美的技能。对世界各类顶级大师来说，1万小时，就是成为大师的一般足量时间。

那么，给进入专项训练的孩子安排成就时间，最科学的方法就是了解从普通水平晋升到优秀水平的一般足量时间，然后把这个时间切割到每周或每天，纳入时间表。比如我们去咨询一个网球教练，问他从一个新手到高手需要多久，他几乎可以很确切地告诉你，如果每周练习N次，每次N小时，大概需要N年。

同样的，在逆境当中，也存在从较差水平到优秀水平的

---

[1]〔美〕马尔科姆·格拉德威尔：《异类》，苗飞译，中信出版社2020年版。本书指出1万小时的磨炼是任何人从普通人转变为世界级大师的必要条件。按比例计算，如果你每天工作8小时，每周工作5天，至少需要5年才能累积到1万小时，才能成为某个领域的专家。

一般足量时间。如果大部分人需要 30 个小时才能跨越到新的阶段，那就要在孩子的时间表中匹配 30 个小时补课。补课需要依据，这个依据也是一般足量时间。

事实上，一般足量时间这个概念也适用于忙碌的大人。比如，一个人想要在繁忙而没有规律的生活中迎战 3 个月后的考试，但他无法像时间充沛的人一样每天在固定的时间学习，最适合他的方法就是计算出备战这个考试需要的一般足量时间。假设是 100 小时，那么，他就要在 3 个月中做到见缝插针学习至少 100 个小时。他可以使用标记着 100 个小时的时间清单，空闲时间多的时候就学到 3 小时，然后在时间清单上划去 3 小时；忙碌的时候就学 1 小时，然后在时间清单上划去 1 小时。只要他能够在考试前把 100 个小时都划掉，他就准备好了考试。

表 22　1 万小时表单 [1]

100 小时学习 | 100 Hours of Study

起始日期 | Start Date:　　/　　　/　　　　　　　结束日期 | End Date:　　/　　　/

目标	Goal:			1	2	3	4	5	6	7	8
9	10	11	12	13	14	15	16	17	18	19	20
21	22	23	24	25	26	27	28	29	30	31	32
33	34	35	36	37	38	39	40	41	42	43	44
45	46	47	48	49	50	51	52	53	54	55	56
57	58	59	60	61	62	63	64	65	66	67	68
69	70	71	72	73	74	75	76	77	78	79	80
81	82	83	84	85	86	87	88	89	90	91	92
93	94	95	96	97	98	99	100	累计时长	Sum:		/100

[1]　一页是 100 小时。

孩子到底应该把有限的时间用在哪里？鉴于时代的飞速变化，我们不能单纯地执着于1万小时定律。因为1万小时定律诞生于第四次工业革命[1]之前，是上一个时代的产物。

在AI时代之前，获取、收集、管理、应用信息的成本是如此之高，一个人需要的信息量也如此之大，在大脑的极限工作下，成为大师的确需要1万小时。

ChatGPT[2]问世短短半年，一跃成为现代人类社会最好用的基础工具之一。对这一代孩子来说，学习如何训练AI很快就会成为学习的核心。在未来，每个孩子都会拥有一个智能助手。AI可以顶替许多1万小时中的工作，而使用者只要掌握了给出提示信息的逻辑，就能解决大部分的问题，再也不需要记住那些磅礴的知识了。

第四次工业革命之前，核心竞争力和1万小时，决定了一个人的世俗成就和可以到达的高度。

第四次工业革命来临以后，抓取、整理、分析相关信息，快速形成主见，会成为新的核心竞争力。在很多领域，借助AI成为大师大概率不再需要1万小时了。

第四次工业革命之前，工业文明的流水线渗透进了教育领域，标准化战胜了个性。

---

[1] 第四次工业革命是利用信息化技术促进产业变革的时代，也就是智能化时代。第四次工业革命的显著特征是"规模化定制"，在大数据以及人工智能的协助下，消费者可以左右甚至决定整个生产制造。（《第四次工业革命的中国机遇》，http://fj.people.com.cn/n2/2023/0908/c181466-40563516.html，2023年4月15日访问。）
[2] Chat Generative Pre-trained Transformer，是一款由OpenAI研发的人工智能系统，可以通过自然语言处理工具与使用者进行聊天对话互动，并完成文章撰写、翻译、设计方案等任务。

第四次工业革命来临以后，人们需要的技能与核心能力也许会发生重大转变。

基于对当下科学发展的了解以及对未来的想象，我认为人类在未来可能会需要以下能力：

表 23　未来社会需要的能力清单

序号	能力名称	解释	训练方法
1	解决复杂问题的能力	能够将复杂问题拆解成多个步骤。	清单法，将步骤清单化。
2	批判性思维	能够提出、分析、理解、辨别和判断问题。	在日常交流中多问为什么，并在事情做完后一起复盘、反思。
3	创造力	可以想到问题的多种解决方法，并从中选择最佳方案。	参加游戏、运动、艺术等业余活动。
4	专注力	能够持续几小时攻关一个问题。	与孩子设定专注做事的时长，并逐步延长。
5	领导力	能在任务中充分利用资源，从而提升整个团队的表现。	鼓励孩子参与活动并充分表达自己的观点。
6	协作能力	能够与他人合作完成任务，并能够应对与他人意见冲突的情况。	鼓励孩子和其他孩子一起玩耍，并建立自己的人际关系网络。
7	沟通能力	能清晰地表达自己的观点，并理解他人的观点。	多人游戏，鼓励孩子多交朋友。

序号	能力名称	解释	训练方法
8	独立性	能够独立制订计划和行动，并获取需要的资源。	鼓励孩子写下《一生的计划》[1]。
9	主动性	能在没有他人提醒或指派的情况下着手完成长期任务。	鼓励孩子决定自己的目标，提供适当奖励。
10	灵活性	在意料之外的情况出现时，可以进行应对，调整自己的计划。	引导孩子做好应对不同情况的准备，并在意外发生时，示范冷静的处理方式。

这些能力的集合清单就是一张人如何充分发展和自我实现的地图。沿着孩子的禀赋出发，你一定可以在清单中找到适配未来的核心竞争力。相比较考试成绩而言，一般足量时间更应该用于培养以上这些能力。

---

1 《一生的计划》是我从 2002 年起使用至今的计划框架，是《趁早效率手册》的核心设计思路，也是管理时间和实现人生目标的有效方法。每一年、每一月、每一天的目标与事项，都是一生的计划倒推后的结果。关于《一生的计划》的故事和使用方法，你可以阅读我的另一部著作《按自己的意愿过一生》。——作者注

04　赢家效应

"当我们说一个人很强，通常是指两方面，第一是说这个人核心竞争力强，第二是说这个人结构强。核心竞争力强，他在自己的领域就常胜，就稀缺；结构强，这个人就坚实，就稳健。所谓硬核，也是对这两项都强的一个简洁描述。这样的人会持续专注令自己更强的事，不被外界无关评价所伤，于是不仅越来越强，还看起来很酷，状态令人十分羡慕。谁不想成为硬核呢？"[1]

作为一个大人，我们往往慕强。我们清楚地知道，强是一个结果。我们应该羡慕造成强的原因，应该慕专注、慕纯粹、慕持久。现在我们生了孩子，是时候检验我们是否羡慕对了。

在生存时间里，我们研究了 ABC 理论，介绍了坚韧者的心态和人格的形成过程，也提到坚韧者可能平凡也可能卓越。但在成就时间这一章，我们旗帜鲜明地研究如何达到卓越、出类拔萃，成为人生赢家，获得世俗成功。生存时间是要心理强大，成就时间是要能力强大。那么，做什么会让孩子能力强大，成为人生赢家呢？

我先说结论，听上去有点像"鸡生蛋，蛋生鸡"：

有着赢家的大脑，所以成为赢家。

赢家因为赢，所以有着赢家的大脑。

---

[1]　王潇：《五种时间》，中信出版社 2020 年版。

其实，在成就时间，我们的育儿目标并不是让孩子取得一次次的成就，而是见证孩子进入竞争时最好的状态——脑内发生了赢家效应。

简单来说，就是如果一个孩子的大脑已经具备了赢家效应，那么他很容易成为赢家。

除了第一章提到过的小鼠大脑快乐记忆激活实验，脑科学范畴还有一个著名的"赢家效应"实验[1]，实验结论迁移到人类教育领域，可以解释很多现象，启发也更加深远。

实验过程是这样的：

研究人员把两只体态相近且从未谋面的陌生小鼠面对面放在狭窄的管道里，让它们相向而行，同时检测它们各自的前额叶皮质的活跃程度。每一次都是前额叶皮质更活跃的小鼠可以逼退另一只的前进，成为赢家。

于是，研究人员刺激了落败小鼠的前额叶皮质，再让它们重新相向而行，实验结果发生了改变，被刺激过的小鼠反败为胜。但一段时间后，小鼠又重回落败状态。

接着，研究人员发现，在刺激了6次落败小鼠的前额叶皮质后，小鼠在管道对抗中开始变得战无不胜，并没有随时间而落败。也就是说，6次刺激以后，小鼠变得恒强。

这个小鼠实验中第一个令人深思的点是，前额叶皮质更活跃的小鼠，往那一站，单凭赢家气场就逼退了另一只小

---

[1]　Zhou T, Zhu H, et al., History of Winning Remodels Thalamo-PFC Circuit to Reinforce Social Dominance, *Science*. 2017 Jul 14.

鼠。所以我们常说的气场爆棚，也许就是在说前额叶皮质活跃带来的自信。那么，如果不是人工刺激的话，通常什么样的自然刺激会令小鼠的前额叶皮质活跃呢？答案是，每一次战斗并取胜，都会让前额叶皮质变得活跃。

小鼠的实验中第二个令人深思的点是，败落小鼠在受到 6 次刺激后变成了持续自信、坚强、勇猛的小鼠。这么看，如果胜利次数足够多，大脑的某些结构就会发生质变。这就是为什么越努力越成功，越打胜仗越是英雄。小鼠与小鼠之间看似是行为的区别，本质是大脑的结构性区别。常赢的小鼠已经具备了赢家效应。

实验的结论是：赢家效应就是人们在竞争中训练出了大脑中的自驱和强者的自我认知，不需要外部的推动与加压，他就能形成自体循环增强，甚至成为常赢体质。

那么，既然小鼠在前额叶皮质被电反复刺激后开始变身为赢家，那么，人类的前额叶皮质可以被什么刺激呢？总不能还用电吧？答案是：正反馈，也就是当你把一件事做成后收获的良好感受和来自环境的鼓励。正反馈越多，人的信心就越足，信念就越强，就进入了"赢家效应"[1]。那么，怎么获得正反馈呢？答案就是多做事、多争取，多验证，不停止，一件一件，总有正反馈。

这个实验对家庭教育的启发是：作为父母，应该给孩子提供获得正反馈的环境，并给予孩子更多的鼓励，这是孩子

---

[1] 心理学家吉姆·泰勒认为，每个人的身上有 5 种"心理肌肉"，分别为自信、动力、坚韧、心态和专注力。像身体上的肌肉一样，心理肌肉也可以通过训练来加强。

终生自信的源泉。虽然人们的前额叶皮质活跃度先天不同，但在后天，科学实验推导的结果依然是老生常谈的那些：人应该持续尝试，努力前进，多设立目标，多解决问题，多比赛，在过程中获得大小胜利与鼓励，人会变得日渐自信、坚毅和勇敢。这会带来大脑的改变。

此外，小鼠实验还发现了第三点，赢家效应不局限于特定的行为，它可以从一种行为迁移到其他行为中去。实验中的小鼠在之前的比拼中获得胜利后，在新的比拼项目中也更容易获胜。这说明赢家效应可以产生连锁反应，人们早期获得成功或胜利的经历，会对后续的行为产生积极影响。

赢家效应就是一个人从此处开始赢，逐渐扩展为别处也可以赢的过程。因此别小看孩子一个小小的胜利，所有小小的胜利都会引向最终的大胜利。

温柔地把孩子送进轻微的竞争，是为了点滴积累的小赢。即便是考试成绩的虚弱进阶都值得表扬。表扬就是正反馈，就是告诉孩子这就是赢。只有这种信息能够写入前额叶皮质，一次次塑造孩子的大脑，使之进入赢家效应，实现循环增强。考试成绩只是对孩子当前程度的评估，只会告诉孩子目前自己处在班级什么位置，而不会告诉你，当孩子的前额叶皮质被激活后，他将来会达到什么高度。

大人应该想方设法让孩子在成长过程中获得一连串小赢，并以此搭建属于孩子的成长里程碑。什么是成长的里程碑呢？就是你确切地知道，一次显著的正反馈正在点亮孩子的前额叶皮质，新的自我认同已经在孩子的脑内建立。

在塑造孩子大脑这件事上，父母只能选择做长期主义者[1]。这样才不会因为某一次的输赢、一城一池的得失对孩子的能力轻易做出判断。落败的小鼠不会永远落败，只要有个刺激能够出现，把它沉静的前额叶皮质重新激活，它就很有可能反败为胜。输赢只是此刻，但只要赢家效应持续发生，人生就会灿烂光明。

所有的高手都是从第一次小赢开始的，而核心竞争力就是第一次小赢的关键。

行动方案 **标注正反馈时间**

现在，你可以在孩子的时间表上确切地标注"正反馈时间"，专门用于让孩子产生"我知道了、我学会了、我进步了、我做成了"这类认知。

为了有效刺激孩子的前额叶皮质，家长应该多久给孩子设计一次正反馈呢？

一般来说，家长应该给孩子提供持续而频繁的正反馈，但也要避免过度奖励。家长每天都可以找一两个机会表扬孩子，可以是在他完成任务、取得进步时，也可以在他展示优秀时。家长的肯定能够让孩子感到自己的努力的确可以换来

---

[1] 长期主义和短期主义代表了时间维度上的两种主观偏好：短期主义者更关注当下的效率与收益，长期主义者更注重长远的发展和回报。

成就，也能够激发他的积极性和自信心。

正反馈的形式可以多种多样，可以是口头表扬、拥抱、鼓励的话语，也可以是一次特殊的家庭活动。无论家长怎么做，正反馈都一定要真实和具体，要让孩子明白是自己哪方面的努力得到了肯定，让孩子感受到家人的关注和认可。

表24　问问的时间表（加入成就时间，即正反馈时间，用小花表示）

时间	周一	周二	周三	周四	周五	周六	周日
6:00	体能晨练		体能晨练	✿体能晨练	体能晨练		
7:00							
8:00	上学	上学	上学	上学	上学	玩乐高	
9:00						✿壁球训练	室外活动
10:00							✿跆拳道训练
11:00							
12:00							
13:00						作业	
14:00							
15:00							✿作业
16:00	室外活动	壁球训练	壁球训练	壁球训练	跆拳道训练	壁球训练	
17:00		玩黏土					
18:00							
19:00	✿专注精读	专注精读	专注精读	专注精读	全家一起看电影	全家一起观看比赛	
20:00	数学	✿数学	数学	数学			

141

第六章　心流时间

大人们正在渐渐老去，大人们在老去中关心着未来世界的变迁，因为孩子们将生活在未来里。

未来，世界上会有两种人，一种是因为智能手机的干扰而丧失专注力的人，另一种是依然保有和掌控专注力的人。专注力是第四次工业革命中最重要的能力，它能够让人安静镇定地聚焦自己的任务，不受外部干扰。这在当下可能已经算是一种超能力了。

在智能手机时代，信息更复杂迅猛，而时间更被无情地碎片化。这个碎片化时代正在筛选着我们自己，也正在筛选着我们的孩子。专注能力越稀缺，掌握它的人就越容易脱颖而出。简单说，我们养育孩子，就是要培养一个有专注力的孩子，一个拥有心流时间的孩子。

为了让自己专注于一个事物并进入心流体验的时间，就是心流时间。

如果一个人能随心所欲地进入心流，而不受外界条件限制，他就已然掌握了改变生活品质的钥匙。

在智能时代的儿童时间管理中，家长要把引导孩子去体验心流时间作为重点。在过去，人们认为心流的获得非常随机，无法把控，每一次出现都显得弥足珍贵。但现在，当人们深入学习和进行工作时，如果心流可以按自己的引导重复发生，人就掌握了解决大部分问题的能力。因此，在家庭中，你可以从早期就引导孩子做两件事：第一，是让孩子在你的陪伴下去体验心流的存在，可以用音乐、阅读或者绘画作为媒介，这个过程中你们也会成为好朋友，经历同样的故事、拥有同样的审美，心灵相通。第二，你要让孩子相信，他能够掌握心流的引入方法，只要他愿意，在未来任何需要的时刻，都能召唤出很厉害的自己，高效专注，完成学习，创造作品。

大人让孩子趁早获得心流的体验和掌握引入方法，就是给孩子贯穿终生的财富。

01　最优体验

关于心流的定义和解释，请允许我在本节大量引用《五种时间》中"心流时间"的原文。无论你正处于人生的哪个阶段，我都愿意把这种体验和能力分享给你，因为它关系着人的幸福。很多大人喜欢用进入心流的次数来衡量自己的生活质量，其实对现在的孩子来说，也是。

米哈里·契克森米哈赖（Mihaly Csikszentmihalyi）是第一个用心流（Mental Flow）来为这种人类心理现象命名，并用科学方法对这个概念展开深入研究的人。[1]

米哈里教授最初的研究出发点是想回答这个问题：为什么太多的人明明进入了富足的生活，但还是不快乐？同时他试图从另外一端展开这个研究，那就是，人们都是在什么情况下感到无比快乐甚至幸福的？人们又如何获得和评价这样的快乐和幸福？

米哈里教授的研究是五种时间重要的认知基础，这个认知也同时是对一系列问题的解释——生存时间这么痛苦，我应该逾越到哪里去？成就时间的终极目标是什么？以及，如果我对好玩时间一直追寻下去，那么，到底什么是好玩的尽头？这一节是所有问题的去向和解释。

就个人而言，我对心流体验深信不疑，因为我几乎所有的写作都是在心流中完成，最好的决策都是在心流中做出，

---

[1]〔匈〕米哈里·契克森米哈赖：《心流》，张定绮译，中信出版集团 2018 年版。作者在书中详细讲述了心流的相关测量实验、构成要素，以及心流在生活中的具体应用。

最幸福的时刻也都是在心流中抵达的。在我还不知道世界上有"心流"这个名词之前，我自己用"上身"这个词来形容那种特别的感受。所谓"上身"就是仿佛有一个更厉害的我自己或是什么力量，降临到我的身上，挡开外面的事物和声音，把我置身于一个奇特的罩子中，它还会调动我的大脑和双手，让我理解原来无法理解的问题，获得灵感，做出创造。我沉浸其中，感觉不到时间的流逝，我的身体也变得轻盈和漂浮，仿佛被周围水流托举着向前奔涌。

据说米哈里教授之所以给这种感受命名为"Flow"，就是因为体验到心流的人都描述了一种奔涌和洪流的状态。

米哈里教授观察调研了运动员、艺术家、国际象棋手等不同人群，这些人所描述的最幸福的时光都是在他们全身心投入某件事时的心理状态，他们的感受也极为相似。米哈里本人这样描述心流体验：

你感觉自己完完全全在为这件事情本身而努力，就连自身也都因此显得很遥远。时光飞逝，你觉得自己的每一个动作、想法都如行云流水一般发生、发展。你觉得自己全神贯注，所有的能力被发挥到极致。

心流是一个人对某项有挑战性、有难度的活动完全投入的状态。这项活动可能是音乐、哲学、网球等，它一定是你所擅长的，并且你想用持续挑战更高的难度来证明自己的能力。那么从这个意义上讲，心流是个体成长的动力；它也是一个家庭、一个社会发展的动力，家庭或国家向它的成员或人民提供参与建设性活动的机会，从而让他们拥有心流。

心流时间就是我们为获得心流体验而选择付出的时间，也是五种时间中最重要的、最终极的时间种类。

现在，我来选取心流理论中几个对自己最具指导意义的观点：

观点一：全力投入本身就是收获。

这个观点可以解释个人成长中一个令人长期困惑的说辞："过程比结果更重要。"每当面临考试和比赛，或者结果不尽如人意的时候，人们就会获得这句可疑的安慰。结果怎么可能不重要呢？既然结果不重要，何必考试和比赛呢？了解了心流，我们才明白，只有在一种情况下，过程本身又重要又幸福，那就是在准备过程中的全身心投入。当过程全部走完，我们已经做完"尽人事"的部分，情绪饱满且问心无愧，结果如何此时已不由我们控制了。不是结果不重要，而是我们全身心地投入过，便能坦然接受任何结果。我们知道，任何技能的进阶也都是在既兴奋又充实的过程中完成的，结果将是个自然的呈现。而经历心流过程之后的结果，也必然会超越自己以往的结果，不论绝对的输赢。

没有心流，人需要通过追逐成功去追逐幸福，有了心流，人可以时时刻刻体验幸福。

观点二：只有个人能力与挑战难度相匹配时才能进入心流时间。

你只有在迎接挑战、争取进阶的时候才会体验到心流的存在。这之中隐含着两个条件：第一，你要了解自己的实际能力；第二，你所要迎接的挑战是一个对你来说并不是特别困难的事情。不得不说，这个阶梯的设置是心流发生的关键。心流的感觉会发生在具备强烈动机、注意力高度集中以及处于极限能力边缘的人身上，当条件同时满足，创造力就会超越以往的维度呈现出来。挑战太简单则无聊，太难则让人焦虑。对照生存时间中我们提到过的运动员密码，运动员首先要做的就是充分而深刻地了解自己，这就和米哈里教授发现的运动员职业心流的产生条件不谋而合。

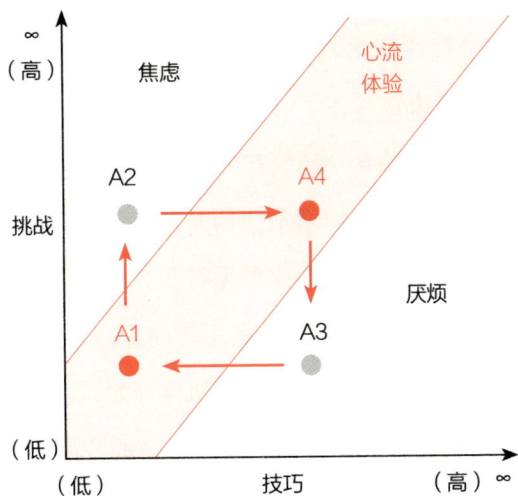

图5　《心流》中的心流通道示意图

在《心流》的描述中，纵轴是挑战，横轴是技巧，是否能进入心流通道，靠的是个人能力水平和任务难度之间的微妙配比。

以学习网球为例，如果一个初学者不懂任何技巧，他唯一的挑战就是把球打过网，这时他的状态就是 A1，这时他很可能会感受到心流，但是时间不会太久。经过练习，他的技巧进步了，这时他变成了 A3，他会感到无聊；或者他面对一个专业对手，发现原来还有很多应对不了的挑战，这时他进入 A2，他感到的是焦虑。

怎么才能体验到心流？答案已经变得清晰：如果你感到无聊，就提升挑战的难度，而如果你感到焦虑，就提升技巧。

观点三：心流可以将失序重归有序，用行为实现熵减。

熵是一个物理学概念，在热力学第二定律中用来描述和度量一个体系的混乱程度。你可以把熵简单理解为：无论人还是事，无论星球还是宇宙，在封闭的环境中自发生长都会让秩序变得越来越乱，熵增是封闭系统的必然趋向。热力学第二定律说，在一个封闭孤立的系统里，一切自发的物理过程都是熵增的过程，也就是从有序走向无序的过程。从 45 亿年前地球的热汤里诞生第一个有机体开始，这种对抗熵增的战争就早已打响，你我都是这场战争中的一员。

在《心流》这本著作中，米哈里教授就是基于这个理念创造了"精神熵"（psychic entropy）这个概念，用来描述和度量人的精神体系受到外界信息威胁时产生的混乱程度。他认为，无论在物理世界还是精神世界中，混乱是一种常态，一切本来就是无序的，如果什么也不做，就只会更乱。而精神熵的反面就是有序的意识，米哈里把这种有序的意识称为"最优体验"，也就是心流。心流是精神世界的熵减，能让人从混乱中重新归于有序。心流能够让人的意识重新形成良性循环，让人集中注意力，提升工作效率，同时降低对外界干扰的感知，屏蔽令人烦乱的事情，这是人最接近幸福的时刻。

如果人在成长中真的能找到简单法则，那对抗人生复杂性的普遍法则就是心流。因为随着人的成长，人的复杂程度日益增高，如果不采取行动，熵增就是必然。而如果我们能让自己高度沉浸在一件事物中，就是为生活建立了秩序，创造了熵减。不能集中注意力的人难以重建秩序，也难以在生活中拥有掌控感，一切都会越来越乱。

大人为孩子规划时间表的最终目标是让孩子有能力获得心流时间的体验，能够在心流时间中进行创造、实现最大的能效。未来由无数个现在叠加而成，因此一个能够沉浸于心流和充分利用现在的孩子，也必将有好的未来。

两千多年前，古希腊哲学家柏拉图就在他的一本书里提到，人们最重要的事情是教会孩子在正确的事情里获得快乐。[1] 这其实是在心流概念诞生前，人类对心流和心流获得策略的描述。在这句话中，"正确的事情"意为有价值的活动，包括智识涌动、思维浩瀚、创造发生，而由"正确的事情"带来的快乐才是重要的。米哈里教授也解释说："快乐

---

[1] 〔美〕海伦·彦:《快乐还不足以让人生卓越——"心流之父"契克森米哈伊专访》，https://zhuanlan.zhihu.com/p/34934011?from=singlemessage&utm_id=0，2023 年 7 月 10 日访问。

还不足以让人生卓越，重点是在做提升技能、有助于我们成长、能发挥潜能的事情时获得快乐。"

心流时间的快乐让我们沉浸在当下就体验到的美好中。可以说，心流体验是作为一个高级智人的美好体验。[1] 当我们全神贯注地投入一件事情，感受到空气和血液都贯注于这件事情中，我们就能在心流中徘徊、震荡，包裹在爱、自由与美的空气里。

当你的孩子对你说："我今天看了好久的书，好好看啊，我都不知道天黑了呢！"你就会知道，孩子体会到阅读的快乐了。这也意味着，在未来，当他不得不在漫长的生存时间中忍耐、抗击煎熬时，他会知道哪里有心灵的避难所。

行动方案 **填写假期时间表**

在假期中，孩子会有大量的自主支配时间，也就有了更多进入心流时间的机会。你可以结合孩子的情况填入下表中。

---

[1] 〔以色列〕尤瓦尔·赫拉利：《人类简史》，林俊宏译，中信出版社 2022 年版。作者在第一章中提出智人与其他动物的演化分野，在于智人演化出了比例庞大的思考器官，并发展出语言技能。

表25 问问的时间表（假期版）

时间	假期
6:00	
	体能晨练
7:00	
	早餐
8:00	
	室外活动
9:00	
10:00	壁球
11:00	
12:00	
	午餐
13:00	
14:00	专注精读（心流时间）
15:00	
16:00	手工（心流时间）
17:00	
18:00	
	晚餐
19:00	
20:00	手工（心流时间）

02 防治手机上瘾

现代人越来越难以沉浸于一件事中，每天的手机使用时长将绝大部分人拦截在心流之外。作为时间管理长期而深度的研究者，我发现目前防治成人手机上瘾的办法只有两类。

第一类是渐进的，包括：觉察问题、设定目标、制定规则、寻找替换活动、寻找支持系统、设计奖励。

平心而论，这类方法很难执行，容易半途而废。要是凭自觉就能防治手机上瘾，那我们也就不至于总是放不下手机了。

第二类，物理隔离，也就是我们在硬性要求下让手机远离身边，让自己无手机可刷。

作为时间管理的资深研究者，我的观点是，只有当动机巨大，大到不得不改变时，一个成人才会决心用第一类渐进式方法来管理自己的手机使用时长。在其他日常情况中，大部分人，包括我本人，当需要在无干扰环境中专注完成一件事时，只有物理隔离最为简单好用。我不用手机考验自己，因为我经不住考验。

虽然我难以经受住考验，"自觉"更是无法依靠，但我还是想尽力唤起大家管理屏幕使用时长的意愿。

以下是一套成人手机上瘾的衡量标准：

一个成年人通常一天睡眠 8 小时、工作 8 小时、自主活动 8 小时。按这个标准计算，请你自行翻看一下自己的屏幕使用时间，检查第 3 个 8 小时内你使用手机进行无目的浏览或无计划娱乐的时长（让我们直接称呼其为挥霍时间）。

如果 8 小时－挥霍时间 >3 小时，说明你有超过 3 小时让眼睛离开屏幕。如果你每天把这 3 小时用于自己感兴趣的事物，那么连续 10 年，按照 1 万小时法则计算，你也能成为大师。

如果 8 小时－挥霍时间 <3 小时，说明你手机上瘾了，一有空你就会拿起手机，每隔 3 分钟就会下意识地拿起手机翻动。即便你因为一个"正事"点击了界面，也会不由自主地跳到下一个又下一个早已无关"正事"的信息。那些窗口绵绵不绝地向你展示着大千世界。相对于真实生活，你觉得手机里的世界更有意思。当你终于关上屏幕，你会感到空虚和无所事事，第二天醒来，你又会拿起手机，周而复始。

3 小时并不是一个科学而绝对的分界线。但是，如果你要发展自己任何一方面的才能，都需要沉静而专注地投入其中。如果你已经不再为自己寻找可以专注的时间，那么在未来，你就会失去许多机缘。

这本书是写给大人看的，但如果大人已经手机上瘾了，孩子也很难幸免。

但我还是认为，对于防治孩子手机上瘾依然存在一个有效方法。这个方法的实施窗口在孩子的绘本期，也就是三岁到七岁，孩子听得懂故事、开始把玩手机的阶段。再晚，孩子就不信这个故事了。

我把这个方法称为：故事树敌法。在写作这本书之前，我用口口相传的方式分享给了一些大人，都收到了空前满意的反馈。这个方法很简单，需要大人给孩子讲一个故事。以下是这个故事的简单逻辑：

"手机里有很多APP，有的帮我们买东西、订饭、打车、看病，让生活变得很方便。但是，设计APP的人里面有几个特聪明的人，专门设计让你看了就忘了时间、一直看下去的功能。这些人特别特别聪明，用了各种办法吸引住好多好多不够聪明的人，拿着手机不停地看下去。这些不够聪明的人完全被吸引住以后，每天都会看很多小时，啥事也干不了，把本来属于自己的时间全都交给了设计这些APP的聪明人。这样的人越多，聪明人赚的钱就越多。他们让无数不够聪明的人失去了自己的时间，自己却赚了好多好多钱。"

孩子大概率会向你确认："那这些设计APP的聪明人是坏人啊！"

设计APP的人在现实生活中能不能以好坏论处，那是大人世界里的事情，但既然我们是为了预防孩子手机上瘾，就可以直接"杀人诛心"，告诉孩子"是的，他们就是坏人！如果我们一直拿着手机看下去，就上了他们的当，就成为他们要骗的不够聪明的人了！"

孩子天生都有正义感，都会站在坏人的对立面。孩子天生都向好，不想被定义为不够聪明的人。

从人文教育角度看，这种"故事树敌法"也许有那么一点儿过分，但从培养专注力的角度看，孩子就是要趁早形成保卫自己的时间不被手机攫取的意识。对孩子宝贵的专注力来说，容易让人上瘾的 APP 就是"摄魂怪"。如果孩子与"摄魂怪"为敌可以让他们主动管理自己的屏幕时间，那"故事树敌法"就是很好的解决方式！

这个办法唯一的难点就是，如果你讲完故事，自己又不由自主拿起手机看了起来，孩子就会惊慌地看向你——他会惊讶地发现，你也是一个不够聪明的人！

03 做孩子的专注力教练

专注是获得心流体验的前提。

如今学校和家长普遍对孩子们的专注力不满意，他们会责问孩子说："你怎么就不能集中注意力呢？"其实答案很简单，因为大多数孩子从来就没有学过如何集中注意力。

只有孩子们能安静地坐下来、排除干扰、专心致志、让注意力聚焦于眼前的事物，才能为心流的产生提供土壤。

专注力时长和孩子的大脑发育程度有很大关系。孩子年龄越小，能够专注的时间也就越短。

表 26　不同年龄儿童专注时长

年龄段	专注力时长
3—5 岁	5—15 分钟
6—10 岁	10—30 分钟
10—16 岁	20—50 分钟

为了让孩子达到与年龄相匹配的专注力时长，大人应该做些什么呢？是直接训练吗？是说"好，你现在要做作业了，你拿个计时器，今天写 20 分钟，明天写 30 分钟"，这样专注力就能直接提升了吗？

专注力可以通过训练提升，但生硬地训练肯定不是最优方式。**专注力不是培养出来的，而是保护出来的。当孩子沉浸在某一件事中，大人不要去打扰，因为那就是孩子的心**

流时间。

大人对孩子的打扰有时是无意间发生的，当孩子做作业或阅读时，大人可能会突然送一杯水、一盘水果或者一些小零食，问一句"累不累"；孩子画画、弹琴时，大人可能会走过去说："画的什么呀，给爸爸妈妈讲讲"，或者评价说："你画得太好了"，这些都算是善意打扰。这时大人的出现就是一个外界因素，把孩子从心流时间里拉了出来。大人常常希望孩子专注，但自己却经常成为打扰因素。

当孩子沉浸于一件事情的时候，无论是学习、画画还是运动，我们都要识别出来——"我的孩子正处在心流时间"——并自动化身为"空气"。无声无息地走开，就是对孩子专注力最好的保护。等孩子自己从心流时间里出来，并和你分享时，你再去鼓励他，给予他正反馈："你做得真棒""画得真好看""累不累呀""遇到了什么难题呀，是怎么克服的呀"。

但如果孩子尚未找到可以专注的事情，大人又应该怎么做呢？

你需要让孩子在你的陪伴下练习专注。你可以将音乐、阅读或者绘画作为媒介，去做一些你们可以共同完成的事情。为了让孩子在这个过程中全神贯注，你可以做一些保护性的准备工作，比如为孩子整理出安宁的空间、减少家庭中其他声音的干扰。

不过，大人最需要关注的还是孩子的大脑，因为这才是心流产生和运行的设备。大人应该做的，是教会孩子调试和使用这个设备。我们来看看一个可以掌控自己专注力的人是如何使用大脑的。

一个熟练习得了专注方法的人会知道，没有人是时时刻刻都能保持高度专注的。一天当中，我们真正可以沉浸于心流中的时间不过两三个小时。如果可以让这两三个小时每天出现在生命中，那么我们的人生一定会发生深刻而持久的改变。

哪怕专注高手的专注历程，也会经历以下的过程：

开始专注——分心——觉察并拉回专注

人和人专注能力的区别在于：

第一，开始专注后多久会分心？

第二，分心后多久能自我觉察并拉回？

高手从开始专注到第一次分心，在没有被打扰的情况下，至少可以持续一小时。高手觉察到自己分心后，会趁机喝水或伸展身体放松，之后重新开始专注，这个间歇小于5分钟。

看到这里，大家会有一些释然——专注高手原来也会分心。是的，专注高手也会分心，他们的厉害之处在于，分心后能够迅速觉察和拉回。正如强者也会沮丧和彷徨，他们的厉害之处在于沮丧和彷徨之后，还可以继续行动。

为了培养孩子成为专注高手，大人需要知道，专注力和肌肉一样，是可以通过训练加强的。反过来，如果长期不刻意练习，听凭干扰，专注力也会像肌肉一样退化。在这本书里，处处充满着重复训练和循环增强，因为这就是让人成长的基本方法。

在家庭中，大人要做孩子的专注力教练，训练风格可以根据孩子性格特点各有不同，但想要收效明显，需要沿袭下面几个核心策略。

使用有趣的任务作为初始训练

专注力训练的第一个目标是让孩子体验到专注甚至是心流的感觉。你选用的具体任务应该是孩子自己感兴趣的，而不是非要有教育意义或马上可以学到东西。

用于训练专注力的任务需要满足这些条件：

（1）孩子有兴趣。

（2）孩子能够独立完成，有掌控感。

（3）有一个明确的目标，比如说画画，那我们的目标就是最终完成一幅画。

（4）有即时反馈，孩子做完或者说做的过程中就能有满足感。

（5）稍微有一点难度，孩子不会觉得过于简单。

表27　专注力训练表

任务名称：

任务目标：

开始时间和结束时间：	专注时长：

孩子的反馈：

任务难度：☆ ☆ ☆ ☆ ☆

在训练孩子专注力的过程中，家长也有自己的任务：

任务一：监督

在专注力训练中，家长对孩子的陪伴式监督非常关键。所谓陪伴式监督，就是大人和孩子各自做自己的事，各自保持专注。

其实，由于遗传和示范，你和孩子往往会有着同样的不足。如果孩子缺乏专注力、需要训练，那么大概率你自己也需要这样的训练。

任务二：控制训练时间

学龄阶段的孩子从开始专注到第一次分心的时长至少要有 25 分钟。

脑科学和专注力领域的研究表明[1]，当人长时间做同一个类型的事情时，大脑就会慢慢关闭其他不相关的信息，降低对外界的感受，而所有神经连接通路都会紧紧围绕着正在关注的事情，这时候专注程度会在大脑的帮助下自动增强。训练者想获得专注能力，就要给够时间让大脑神经提供帮助。

25 分钟，就是时间管理界常常强调的"番茄时间"[2]长度，25 分钟能否心无旁骛，是一个人的大脑是否具备良好机能的临界点。

请你将计时器设定为 25 分钟，允许孩子在 25 分钟后休息或分心。最理想的状态是，计时器的闹铃响起了，但孩子依然聚精会神。

任务三：分心提醒

在训练过程中，大人需要完成分心提醒工作，也就是在发现孩子不再专注时，告诉孩子："你分心了"。

需要强调的是，一旦这个环节变成了批评和指责，专注力训练就很容易前功尽弃。比如，你对孩子说："你才看了几分钟？""怎么就是坐不住呢？""这本书都读了一个月了！"

不容易让孩子受挫的分心提醒办法是，说一个生活问

[1] 参见〔美〕史蒂芬·科特勒：《盗火：硅谷、海豹突击队和疯狂科学家如何变革我们的工作和生活》，张慧玉、徐开、陈英祁译，中信出版社 2018 年版。

[2] 参见〔意〕弗朗西斯科·西里洛：《番茄工作法》，廖梦骅译，北京联合出版社 2019 年版。书中建议人们每工作 25 分钟（用一个番茄表示）后休息 5 分钟，工作和休息交替进行。

表28　番茄时间管理表

序号	任务	完成（每25分钟划去1个番茄）
1		
2		
3		
4		
5		
6		
7		
8		
9		
10		
11		
12		
13		
14		
15		
16		
17		
18		
19		
20		

句，然后读出任务时间。比如，你对孩子说："喝点水吧？还有 15 分钟哦。""要不要加个靠垫？咱们已经专注 20 分钟啦！"再比如，单方面介绍自己的专注体验，并正面描绘你的期待与感受，你可以对孩子说："我这本书特别好看！我早就想看这本书了，咱们一起专注 3 次我就能看完！"

大人要让孩子知道分心不是什么大不了的事儿，分心不是错误，分心之后再次专注依然可以完成任务。

任务四：奖励和表扬

孩子完成任务，家长当然要给予肯定，而如果孩子在专注训练中体验到了心流，他就会感觉到来自大脑内部的天然奖励。

心流是大脑在不同寻常的状态下发生的大量神经化学物质的变化，使得我们能够更加精确、迅速地感知和处理信息。我尽量用最容易理解的语言来提炼一下心流产生的过程：

第一，大脑首先分泌多巴胺和去甲肾上腺素，它们的作用是帮你集中注意力，提升认知敏感度。与此同时，它们开始关闭大脑对其他信息的感知。

第二，当心流继续深入，大脑会分泌内啡肽和花生四烯乙醇胺，它们的作用是减轻痛苦和压力，让人逐渐感到舒适。

第三，当你的心流进入极致，大脑会进入一种半睡眠状态，潜意识会占据主导地位。这时，多巴胺、去甲肾上腺素、内啡肽、花生四烯乙醇胺开始协同作业。

第四，潜意识的信息接收能力是日常大脑的数倍（根据研究结果至少是五倍）。这时，大脑会分泌血清素和催产素，让人感到平和、幸福，体验到一种与世隔绝的高度宁静，同时感到处于磅礴的思考洪流之中。

　　这六种激素是大脑分泌的针对不同类型愉悦感的激素，而心流就是一次它们同时分泌的盛况。我们日常可能会在不同时间体验到不同程度的六种快乐，而心流时间的组合释放能让我们同时品尝到六种快乐，体验到宁静中的巅峰喜悦。

　　家庭成员一起进入心流时间，就组成了一个"心流家庭"。也许就像杨绛的小说《我们仨》中描写的一样，无论是父母还是孩子，每个人都有着各自专注的事情，不会要求表面上的陪伴；如果成员之间有着共同的热爱，日常的谈话交流甚至游戏都可能成为幸福的心流时间。真正的陪伴是心灵的同在而不是物理上的共处一室。当家人间拥有这样的生活之后，家庭时间就是心流时间，家就成了真正的避风港。

　　家庭时间和心流时间一定是可以融合的，因为它们有着最大的共同点：家的存在不是为了遥远的梦想，在家感觉到爱的此刻就是梦想；家的生活也没有宏伟的目标，在家中的每一次呼吸就是目的。

　　我希望每个组建了家庭的大人都意识到，家庭的最优状态是成为心流家庭。

行动方案　将心流时间添加到孩子的时间表中

表29　问问的时间表（加入心流时间）

时间	周一	周二	周三	周四	周五	周六	周日
6:00	体能晨练		体能晨练	体能晨练	体能晨练		
7:00							
8:00	上学	上学	上学	上学	上学	玩乐高	画画并记录
9:00						壁球训练	室外活动
10:00							跆拳道训练
11:00							
12:00							
13:00						作业	画画并记录
14:00							
15:00			壁球训练			手工	
16:00	室外活动	壁球训练		壁球训练	跆拳道训练		壁球训练
17:00		玩黏土					
18:00							
19:00	专注精读	专注精读	专注精读	专注精读	全家一起看电影	全家一起观看比赛	画画并记录
20:00	数学	数学	数学	数学			问问自己定

165

现在，我们已经全部了解了五种时间，包括健康时间、好玩时间、生存时间、成就时间和心流时间。在这些时间里，会有很多重合时刻。比如运动，既在健康时间，也在好玩时间里，既可以在生存时间，也可以在心流时间。这就是五种时间中一个重要的概念——"**折叠时间**"。

时间，似乎对每个人来说都是匀速向前流逝的，但对常常拥有折叠时间的人来说，时间就仿佛一个捷径。家长如何看待孩子折叠时间呢？我给你两条建议。

第一，允许孩子用自己的方式获得快乐。

对于喜欢读书的孩子来说，读书常常是他的心流时间；但如果你要求他阅读艰深课本，阅读就变成了他的生存时间；当书中的内容化为他知识结构的一部分，帮他在知识竞赛中获得了奖项，读书就成为他的成就时间。同一件事，对于一个孩子来说可能属于这种时间，对于另外一个孩子来说可能属于另一种时间，甚至当孩子处于不同年龄阶段时，同一件事也会属于不同的时间。所以，当我们判断孩子处于哪种时间时，不需要过分参考他人的标准，还是要看孩子当时的状况。

当我们从这个角度看待孩子的时间，再看到别人家为孩子做出的选择时，就有能力辨认出他人的选择对于自己的孩子来说是否具有参考性。农耕、游牧和航海家庭，本来就会有截然不同的选择。

在一次儿童时间管理的家校分享会上，一个家长曾对我说，邻居家刚读小学的孩子可以独自看书三四个小时，而自己家孩子也上了小学，依然只喜欢玩乐高，一玩就是三四个小时。于是他就强制要求孩子放下乐高去看书，造成的结果是，孩子每天都会哭。

在大脑的幸福程度上，心流时间并不分高低贵贱。孩子还没有被世俗成功规训过，很难明白为什么玩乐高的快乐是不被允许的。每个大人都曾经是孩子，请你回想一下，当自己是孩子的时候，这种快乐是不是也一次次地被扼杀过？那么，当你面对自己的孩子时，会做出什么选择？你是否也要扼杀自己孩子的快乐，或者让这样的扼杀在我们这里终止？

允许孩子拥有自己的心流时间、自己的好玩时间，孩子才能在遭遇挫折时知道：此处没有快乐，别处还可以快乐，人生总有更丰富多样的快乐等着我。

如果你的孩子缺失了某一个快乐类别，你也用不着焦虑。因为世间并不是只有一种快乐，也不是只有一种"竞争"——更快更高更强——还有很多快乐可以落在其他时间之中。如果说其他时间也有比较，那比的就是谁更放松，谁更稳定，谁能在心态上安于自我的完成。假如"打得赢"比不过，你还可以比"想得开"。

第二，帮孩子找到可以让他进入折叠时间的那件事。

孩子在单位时间里，可能不止拥有一种收获。还是以运动为例，孩子在练习运动专项时，会同时处于几种时间的折叠中：

孩子在运动的时候身体更加强壮了，抵抗力增强了，就是处于健康时间。

孩子专注地训练，沉浸其中，前额叶皮质得到了训练，进入了心流，就是处于心流时间。

孩子参加比赛，体会输、学会赢，体验了生存时间。

孩子技术和实力不断进阶，战胜了对手，高高兴兴地站在领奖台上，这就是进入了成就时间。

身为家长，我们应该找到孩子喜欢做的事情、擅长做的事情、愿意主动去做的事情、做得比其他孩子好的事情。这件事就可能会在未来变成孩子的核心竞争力。"人在事上练"，我们要让孩子在做事情的过程中成长。

折叠时间可以缓解大人的焦虑。孩子的一天只有 24 个小时，但我们希望孩子得到所有——又有健康，又有成就，又有心流——怎么办？现在我们知道，孩子在一件事情上可以获得很多种快乐。

折叠时间是我们能够更高效地利用时间的方式。我们要做的不是让孩子在有限时间里做更多的事情，而是让孩子在有限时间中取得更多的收获。

03

三种养育方式

孩子终究是要离开大人和原生家庭的。养育他的每一天，我们都在为他的离开和独立做准备。到那时，孩子要学会自己掌控时间、自己做每一个关键决策、自己面对生存和社交。

育儿，就是家长从对孩子的完全养护阶段，过渡到辅助阶段，最后实现孩子的"自动巡航"。这一路上，大人会充当孩子的学步器、钱包和前额叶皮质，最终等到孩子长大成人。

而五种时间中的快乐，也要逐级穿过这三个阶段。但如果大人不是每一种活动、每一类项目都擅长怎么办？如果大人没有足够时间陪伴在孩子身边，无法帮他们一一达成所有的体验，又该怎么办？大人共同的难点在于，应对自己的忙碌和挫折的同时，还要抚养孩子。这从来都是两份平行的挑战，这样的挑战确实需要简洁的方案。

接下来，我们将一起寻找帮助孩子拥有这五种快乐的方法。

家长要想让孩子拥有五种快乐，就需要与之匹配的养育方式，以及与之匹配的家庭资源——父母可以提供给孩子的时间、精力与金钱。同时，在孩子成长过程中，陪伴孩子左右的不仅有家长，还会有家中长辈、亲朋好友、学校老师、兴趣班辅导员、专项教练，也会有其他孩子。所有出现在孩子生命中的角色都会影响他的成长。

这本书把每一个家庭的养育资源进行了重新分类，**根据养育孩子的主体不同，我们可以将养育方式分为三种：第一种叫做自养，第二种叫做寄养，第三种叫做放养**。通俗来说，就是自己养孩子、让别人帮着养孩子、让孩子自然发展。无论哪一类家庭，都可以用这三种养育方式，实现孩子的五种快乐。

自养是家长亲自在场养育孩子，把自己知道的、擅长的教给孩子，我们经常说家长要注重"言传身教"，指的就是自养时间。

寄养是把孩子临时或短期寄托给其他人培养。一般我们会把孩子寄养给谁呢？孩子在幼儿阶段，我们一般会把他寄养给育儿阿姨、幼儿园；学龄阶段，我们会把孩子寄养给学校和老师，课后和周末通常还会有兴趣班老师，假期我们可能会把孩子寄养给夏令营中的老师，或是委托给家里的老人。

放养是孩子在不需要监督陪伴的情况下独处，或者是在特定环境中自由活动，和其他孩子玩耍。放养的含义，是在确保孩子安全的前提下，让孩子愿意做什么就做什么。

表 30　三种养育方式

养育方式	描述	主要养育者
自养	家长亲自在场养育孩子。	父母
寄养	把孩子临时或短期寄托给其他人培养。	家中长辈、育儿阿姨、学校或课外老师。
放养	把孩子放在特定环境中自由活动。	同学、朋友和孩子自己。

从这个分类角度看，每个孩子的养育过程都不是绝对单一的模式，都会是自养 + 寄养 + 放养的排列组合。

一个孩子最终会发展成什么样子，取决于他投入在五种时间上的份额，更取决于大人如何将自养、寄养和放养排列组合。每个家庭通过盘点和匹配资源，都可以找到适合孩子的最优组合。

第七章　盘点家庭重点养育资源

什么叫家庭重点养育资源呢？

要想回答这个问题，我们就要追问一下自己当初为什么敢于生孩子——因为我们觉得自己有时间养、有钱养、有精力养，觉得自己有一些人生经验、思想积淀，对这个世界有一些探索、有一点心得。具备养育资源，是我们养孩子的前提。

要想找到最优的养育方法，我们就需要对眼下的资源进行盘点：

我的时间充足吗？我每天或者每周有多少时间可以拿来自养孩子呢？

我的精力充足吗？和孩子在一起时，我能够把注意力完全放在孩子的身上吗？

如果时间和精力不够的话，我是不是要考虑寄养和放养呢？家庭可以用于寄养的金钱是否充足？可以把孩子寄养给谁呢？

我有擅长的领域可以教孩子吗？

如果我不擅长孩子想要努力发展的科目，擅长的人会是谁呢？要如何寻找呢？

表31 养育资源盘点表

#父母的擅长

在孩子的学业科目中，我擅长的科目有：＿＿＿＿＿＿＿＿＿＿＿＿＿＿＿＿

在孩子的兴趣禀赋中，我擅长的项目有：＿＿＿＿＿＿＿＿＿＿＿＿＿＿＿＿

在下面的各种能力中，我擅长且能够教给孩子的有：

☐语言和表达能力　　　☐解决复杂问题　　　☐沟通和合作

☐组织和领导　　　☐数学和逻辑思维

其他：＿＿＿＿＿＿＿＿＿＿＿＿＿＿＿＿＿＿＿＿＿＿＿＿＿＿＿＿＿＿

#时间

在工作日，我每天能够拿出＿＿＿＿＿＿＿＿小时用来自养孩子。

在周末，我每周能够拿出＿＿＿＿＿＿＿＿小时用来自养孩子。

#精力

假设我的精力共有10个格子，目前我每天在下面四类事情中分别消耗的精力是：

个人爱好和发展 1 2 3 4 5 6 7 8 9 10　工作 1 2 3 4 5 6 7 8 9 10

家务 1 2 3 4 5 6 7 8 9 10　　　　　　育儿 1 2 3 4 5 6 7 8 9 10

和孩子在一起的时候，我的行动一般是 ＿＿＿＿＿＿＿＿＿＿

A. 和孩子一起做同一件事

B. 陪伴在孩子旁边，但不参与其中

C. 各自做自己的事情，互不干涉

#金钱

寄养对象	具体对象（填写名字）	支出（每月）
育儿阿姨		
幼儿园		
兴趣班		
夏令营		

只要展开以上追问，所有大人都会得到一系列否定的答案——无论是谁，没有一个家庭会觉得自己的时间、精力和金钱是充足的，每一个家庭的资源都是有限的，只是有限的程度各不相同。

身为家长，面对有限的养育资源，该如何统筹安排达到最佳效果呢？

不同的资源组合可以配置不同的养育方式：

自己擅长 + 时间充足 = 自养

自己擅长 + 时间不充足 = 部分自养

不擅长 + 时间充足 = 放养

不擅长 + 时间不充足 = 寄养

你可能已经发现了，寄养牵扯到家庭育儿的预算问题，因此寄养不可能是无限制的。资金可能成为孩子发展核心竞争力的瓶颈。因此，所有的配置都需要在现有资源中进行。

同时，随着年龄的增长，孩子的生存时间会越来越长，他要花大量时间准备各类考试和竞赛。当睡觉的时间被压缩，孩子的有限时间也会成为配置养育方式的瓶颈。

但是，最显著的瓶颈还在于你和配偶的可用时间。这决定了你到底能有多少时间用来自养。如果你们两人都忙得完全没有时间，就谈不上自养。

如果你的家庭不具备自养的时间和能力，就会更多地依靠寄养，就需要准备预算支付酬劳，还要有选择寄养者的标准。

养育就是项目管理，有多少时间、有多少精力、有多少金钱，就办多少事。你无法完成所有任务，但可以找寻能力范围内的最大可能。

如果你发现，自己的时间、精力、金钱真的匹配起来很有限，那就想办法让孩子成为一个"放养型选手"，在自由中找到好玩时间的快乐和心流时间的快乐。自然发展未必不能有所建树。在五种时间里，心流时间也可以在放养中实现；好玩时间也天然匹配放养的养育方式。孩子上学之后，生存时间的绝大部分都是由在学校的寄养来完成的，其他各种兴趣班的本质也正是寄养。

接下来，我们会仔细整理这三种养育方式的优势和实现要点。我真诚地希望，书的下半部分可以缓解很多忙碌家长的焦虑和内疚——三种养育方式中，自养只是其中的一种，孩子在成长中本来就只需要你一部分的陪伴而已。

作为大人，允许自己做不到，接受自己做不好，也是育儿生活中非常重要的认知。在自己无法胜任的地方，你可以通过三种养育方式的组合来取得更优的结果。

第八章　自　养

我们给不出自己没有的东西，也无法拥有自己不相信的品质，更难以从自己不认同的道路走向未来。人群当中，有财务上的富二代，就有精神上的富二代，不同家庭能带给孩子的精神资产，其差距可以是云泥之别。

作为大人，我们提炼和捡拾自己的财富，把全部的也是仅有的财富，奉献给我们的孩子。

01　寻找适合自养的领域

孩子成长中的哪些环节最需要父母自养呢？

我们常说，父母是孩子的半个老师。这里的老师既指做人的老师、观念的老师，也指传授生存本领的老师。**自养时间，就是家长亲自在场养育、作孩子老师的时间。**

在自养时间里，大人应该教些什么呢？

家长首先要做的，一定是教孩子思考，而不是教孩子听话。教孩子思考，孩子就有可能沿着家长引导的方向继续探索，继而超越家长；教孩子听话，孩子就永远被限制在家长之下。教孩子思考的内容包括事物之间有怎样的逻辑关系、现状是否合理以及为什么、对世界是否有不同的解释，等等。

请你用自己最擅长的领域实现自养。

你可以认真想想，自己在哪些领域的能力超越了身边的大多数人？哪里能力最高，就说明你曾经在哪里投入过最多时间，未来孩子也就最有可能在这方面超越你，走得更远。按照这个逻辑思考，很显然，你用于自养的领域就是自己最擅长的领域。

让我们展开这个观点：

首先，在你和孩子的沟通中，最重要的部分就是为孩子解释这个世界。本书开篇我们就提到，猴子家庭、猎豹家庭对世界有着不同的解释。

我们在上学时可能就已经发现，同样的知识由不同的人讲解起来，效果完全不同。越是高手，越能用最精简的语言说清事物的本质。有时候，高手一点拨，我们立刻就懂了。同样，如果你是某一个学科的精通者，那么你就可以用最精妙的方法去传授。在学习这个领域知识的道路上，你早就知道哪里有坑、哪里简单、哪个环节难以理解、到哪个级别需要花费多久的时间，等等。

对任何人来说，第一手经验永远是最宝贵和鲜活的。当你把亲自走过的路、踩过的坑传达给孩子的时候，是最直接和有效的。

其次，你对于自己胜任的学科会有最大的自信，这种自信带给人魅力和光芒，这样的魅力和光芒需要让孩子见到。一个人的魅力往往在于熟练、志在必得、游刃有余，这样的魅力在每个大人的一生中也是很有限的，通常会出现在自己的爱好和曾经深入研究的领域。运动员在竞技时最有魅力，画家在创作时最有魅力，科研工作者在钻研时最有魅力。作为父母，你无论是有着熠熠发光的社会角色，还是在自己的青少年时代有特别拿手的爱好，都值得你拿出自己最大的自信让这个光芒在孩子面前复现。孩子会很开心见到这样的父母。

再次，给孩子的引导教育需要你具备把复杂概念翻译成儿童语言的能力——不管你跟孩子讲什么，都得耐心找到办法让孩子听懂，绘声绘色、深入浅出、打比喻都是必要的翻译方式。你具备如此翻译能力的前提，是你了解这个领域的全貌，知道对孩子来说，表浅是什么，深入又是什么。

表 32　让孩子了解父母的职业

家长可以通过以下内容向孩子介绍你的职业：
1. 你的职业是什么？
2. 你在工作时，需要用到哪些技能？这些可以在生活中用到吗？
3. 你平时在哪里工作？它在地图上的哪里？
4. 孩子的生活中有哪些事情和你的工作有关？
5. 如果可以，带孩子前往你的工作场所，看看你工作时的样子。
6. 如果有职业相关的纪录片、电影或书籍，你可以和孩子一起观看。

很多人都不愿意让孩子从事自己熟悉的学科和行业，觉得"这行太苦了，孩子可不要和我干同一行"，而是想让孩子去更容易的学科或者行业。但其实，没有哪个行业是真正容易的，每一行都有着自己的艰辛。同时，对于孩子来说，无论是什么学科，来自父母的耳濡目染都只是启蒙，还变不成一生的志向。但早期影响会是非常深远的，幼年时培养的兴趣、播下的种子渐渐发芽，在未来就有可能长成参天大树。

以我为例，我从小到大在绘画方面保有着热情和自信。因此，当我发现女儿也喜欢画画时，我就选择在自养时间和女儿一起画画。我们关于绘画的交流很多，这让她感到自己在这方面得到了最有力的支持。渐渐地，她对自己的绘画能力就有了宝贵的自信。我把擅长的部分教给她越多，她在这个领域就越容易取得进步。这份兴趣和自信带来的快乐，她在未来也可以享用很久。至于这个技能是否可以用来谋生、学艺术是否会很辛苦、要花多少钱，并不在我的关注范围内。

无论你擅长什么，都可以早一点传授给孩子，让孩子早一点获得启发。在未来，孩子很有可能沿着这个方向把你的长板延展、放大到你无法想象的程度。关于这一说法的理论基础，你可以参阅《异类》[1]这本书，书中详细讲解了儿童早期微小差异在青少年及成人阶段的放大力量。

如果你在家中的时间非常有限，无法给予孩子充足的陪伴，那么把自己最擅长的部分用来自养，就是最好的选择。

---

[1] 〔美〕马尔科姆·格拉德威尔：《异类》，苗飞译，中信出版社 2020 年版。

02　高质量陪伴

　　《2019 年中国亲子陪伴质量研究报告》中显示，有高达 97.7% 的 0-3 岁家长认同"陪伴孩子是最重要的教育方式"这一观点，但《2017 中国家庭亲子陪伴白皮书》中却显示，有 49% 的父母在陪伴孩子时不会参与到孩子的活动中去，只是在默默旁观或者去做家务、忙工作，以及处理其他事情。

　　自养，就是家长亲自在场养育，这需要满足两个条件：首先，家长本人必须亲自在场；其次，家长仅仅在场还不够，必须有具体的养育行为，不能心不在焉。

　　孩子在玩玩具，大人"窝"在旁边的沙发里刷着朋友圈；孩子在公园奔跑，大人跟在后面和别人聊天。这些陪伴其实只能叫做"在场"，不是真正的陪伴，更不是自养。大人是不是对自己心不在焉，孩子是可以清晰感觉到的。

　　如果你认可自养中真实陪伴的重要性，就请给予孩子高质量的自养。

　　以下场景是高质量陪伴的关键：

　　第一，在孩子的"原始世界信念形成期"，用心回答 why 的问题。

　　孩子的成长中，有些关键时期可以叫做"原始世界信念形成期"，在这个阶段，自养尤为重要。这个时期的到来很好判断，当孩子问出"为什么"时，自养的重要机会就出现了。

当孩子提出为什么的时候，请你抓住机会，不要敷衍，思考一下后认真回答。世界是怎么回事，大人要尽自己所能，用最简练的语言耐心作答。你需要意识到，这个时刻，你正在教给孩子的就是原始世界信念。如果这段孩子频繁问出"为什么"的时期你没有在场，帮孩子建构原始世界信念的任务就会由他人代劳。孩子会在被放养和寄养时寻找答案。

第二，成为情绪稳定的大人。

自养时间的长短不是最重要的，重要的是你可以在这段时间中帮助孩子构建原始世界信念，同时为孩子提供积极正向的感受。

你最好在家庭中主动规划和认领自养时间，让这个自养时间成为孩子恒常的快乐。

即使是忙碌的父母，也可以把自己的时间和孩子的时间表比对一下，看哪些时间可以用来自养。比如，你可以答应孩子，每天睡前半小时是你给他讲故事的时间，或每周五晚上是做游戏的时间，每周六你要带他出去玩半天。对孩子来说，当你在这些时间出现，这些时间就确定是快乐的，这是孩子安全感的重要来源。

你要尽量保证自己在承诺的时间出现，当自己实在不能兑现诺言时，要提前向孩子请假，让信任持久。

最糟糕的情况是，你在自养时间不但没给孩子带去温暖和快乐，反而让这段本该美好的时光成为孩子不快乐的时间。这只有一种可能，那就是你在孩子面前出现了负面情绪。

在孩子面前尽量保持情绪稳定是对每一位家长的重大考验。0-6岁是孩子建立安全感的重要时期。这个时期的孩子，心理承受能力比他们的身形看起来还要弱小。他们会以自我为中心的思维方式来判断周围发生的事情。也就是说，大多数时间，他们会把问题归结到自己身上。比如，当你工作繁忙而无暇顾及孩子的时候，他会认为是因为自己不够好，大人才不理自己；当你表现出生气或沮丧时，他会怀疑是不是自己做错了什么，才让大人不开心。他们会用大哭、愤怒、讨好等方式寻求你的关注。这时候你可能会尝试哄他高兴，如果哄不好，你很有可能会生气，直至大吼大叫、勒令他停止哭泣。如果你总以情绪失控的方式来回应孩子的需求，就会让孩子在自养时间充满负面感受。

当孩子发脾气时，你需要让他感受到你不惊慌、不压抑、"每逢大事有静气"的正向情绪。家中的沟通基调会奠定孩子未来与人沟通的基调。但是，大人也是人，当你遇到实在控制不住情绪的时候，离开家出去安静一会儿也胜过在孩子面前发脾气。所有事情都讲究氛围，家里更是。

当孩子因为挫折伤心、沮丧时，你要为孩子示范出一种"先面对，后找办法"的处事习惯："这个事情不是大事""让我看看怎么回事""我找到办法了"。这也是我们在前文中提到的积极解读原理的一种应用。身为家长，有意识地收敛惊慌、积极思考对策有助于你保持情绪稳定，成为关键时刻沉着理性的人。

也许你的童年并不都是美好的回忆。当你还是孩子的时候，也许上一代人就曾经威胁你说"再不听话妈妈就不要你了""再不睡觉警察就来抓你了"；也许你的父母恐吓过你，你也为此哭闹，但那些已经无法修改了。

每一个孩子，包括曾经的我们和现在的孩子，对原生家庭都没得选。无论你的原生家庭是怎样的，你都会带着它给你的印记出发，甚至带到你的下一代中去。好消息是，你如今有机会在你亲手建设的崭新家庭中，为了我们亲爱的孩子，去修正这一切。

行动方案 **在时间表中标注自养时间**

观察时间表上已经选择好的事项，把自己擅长的部分标注为"自养"，并标注出自养的负责人——妈妈、爸爸或者全家。

表33 问问的时间表（标注自养时间）

时间	周一	周二	周三	周四	周五	周六	周日
6:00	体能晨练 自养 爸爸		体能晨练 自养 爸爸	体能晨练 自养 爸爸	体能晨练 自养 爸爸		
7:00							
8:00	上学	上学	上学	上学	上学	玩乐高	画画 并记录
9:00						壁球训练	室外活动
10:00							跆拳道 训练
11:00							
12:00							
13:00						作业	画画 并记录
14:00							
15:00						手工	
16:00	室外活动	壁球训练	壁球训练	壁球训练	跆拳道 训练		壁球训练
17:00		玩黏土					
18:00							
19:00	专注精读 自养 妈妈	专注精读 自养 妈妈	专注精读 自养 妈妈	专注精读 自养 妈妈	全家一起 看电影	全家一起 观看比赛	交换画画 自养 妈妈
20:00	数学 自养 爸爸	数学 自养 爸爸	数学 自养 爸爸	数学 自养 爸爸	自养 全家	自养 全家	问问 自己定

自养的质量比绝对时长更重要。当大人遇到极端忙碌的情况，可以按每周或每两周进行规律性的自养。同时，自养并不仅仅意味着家长和孩子独处，还会牵扯到一系列问题。接下来，我将对你在自养时间可能遇到的问题给出解决方案。

03　家庭会议制度

育儿从来不是一个人的事，而是一个家庭的事。家庭的本质是"日常生存和育儿合作社"，而不是"一个人对其他人开的服务社"。但在现实生活中，很多家庭都存在着"女性天然就要负责一切家庭事务"这个认知。一个家庭想要有效完成三种养育方式的最优配置，就需要通过家庭会议制度，把每个家庭成员凝聚起来，大家优势互补，各司其职，协作达成目标。

现代家庭是从过去部落和宗族逐渐发展而来的社会生活单元，它存在的重要价值就在于具有议事功能[1]。每个家庭做决定的方法有着很大不同，随着现代家庭成员人数的减少，已经很少有家庭通过开会来讨论问题了。有时候用几分钟三言两语就仓促做出的重大决定，却影响着家庭的走向和子女的命运。

其实，家庭会议制度在现代家庭中仍然适用。一个有会议制度的家庭和一个没有会议制度的家庭，经营难度会随着岁月推进呈现出天壤之别。一个相对有序的会议制度有助于营造公平、理性的议事氛围，避免争吵，让家庭成员能够感受到宽容与尊重，从而可以坦诚沟通。而坦诚沟通、尊重分歧正是一个健康家庭的标志。家庭成员越是能够适时提出自己的建议、执行商议好的养育策略，后续的问题就越少。

---

[1] 在现代议事规则中，成员发言权利自由平等，议长公正中立，决议少数服从多数且尊重少数等原则。

你可能会问，家庭会议主要是大人们用来商量家庭重要事项的，这和孩子、和"自养"有什么关系呢？其实，一个家庭通过会议的方式解决问题，一方面是为了形成良好的家庭议事习惯；一方面也是为了让孩子见证从分工、执行到达成目标的全过程，参与到时间管理的完整流程中来。

设立目标 ➡ 规划时间 ➡ 分工推进 ➡ 达成目标

图 6　时间管理思维过程

家庭会议是"育儿合作社"全体成员进行自养的重要方式，因此，不仅要开，而且要郑重地开。以下是家庭会议流程的主要内容。

表 34　家庭会议流程的主要内容
（以家庭分工会议为例）

序号	议程	说明
1	明确负责人	育儿主要负责人是谁，这一点全家要先达成共识。
2	明确问题	负责人主持阶段性的分工和总结会，提出会议要讨论的主要问题。
3	合理分工	团队成员互相尊重，按擅长程度和时间等进行分工。
4	达成共识	分工要达成共识，成员承担相应育儿任务。
5	形成决策	由负责人拿主意做决策，比如当孩子生病了，是否吃药，是否上医院，上什么医院（这些本来也都需要监护人来做决策）。

每次召开家庭会议前，会议负责人都需要提前定好时

间，并通知每一个家庭成员，避免缺席。此外，负责人还要提前整理出会议要点，包括会议的主题和议程，明确一次会议要讨论几个问题，每个问题都是什么，并将它们填写在家

表35　家庭会议记录

日期：

会议议程：

参会人员：

会议要点：

会议结论：

☐

☐

☐

接下来要做的事：

☐

☐

☐

会议笔记：

庭会议记录表中。

在开会的过程中，为了有效发挥家庭会议的作用，负责人还需要注意以下几点：

（1）提前确定会议时间和时长，争取做到准时召开、准时结束，不拖延。

（2）向家庭成员提出要求，开会期间不能同时干别的，不能三心二意。

（3）每个议题有结论了再讨论下一个。

以上是一个完整的家庭会议流程。你的家庭是遇有重大事项才召开，还是每周、每个季度，或者岁末年初统一开会，可视具体情况而定。在这个过程中，你还可能会遇到这样几个问题。

第一，"育儿合作社"全体成员如何分工？

有职场经验的父母可以类比一下公司团队共同完成任务时的情况，分工都是团队组建初期就形成的。也就是说，育儿班子从一开始就要分工明确，慢慢磨合，逐渐形成默契，并随着形势变化及时调整，而不是从孩子出生开始就一团乱麻，养到哪里算哪里，等爆发问题再回头争论。这个方式等于混沌中买卖就开张了，难度可想而知。

在家庭分工中，一定要有一个制订计划和将计划推进执行的主导者，而父母是孩子的法定监护人，应该是育儿计划的制定者，和各项育儿事务执行的主导者。但是，随着长辈、阿姨的入驻，家庭中的问题变得越来越复杂，老人和阿姨因为与孩子在一起的时间比较长，可能会在很多事情上起主导作用。如果孩子的父母发现家中的许多事情与自己的意愿不符，就很有可能发生争执。这时候，全体家庭成员一定要形成一个共识，那就是尽量由主导者进行决策。也就是说，家庭会议开到最后，主导者要拿主意，并对最后拿的主意负责。

明确了主导者是谁后，接下来要确定每一位家庭成员在育儿中的具体分工。育儿是一个团队工作，有团队就有擅长和不擅长、内部负责部分和外包部分。家庭育儿分工的宗旨就是：让最擅长的人做最擅长的事。当某一项计划制订好以后，伴侣和其他成员配合得越好，这个团队就越和谐。

一家人就分工达成共识后，育儿的主导者要及时认同团队其他成员的付出，给予一定的口头和经济答谢。

表36　家庭成员分工卡

事项：	执行日期：	完成 ☐
负责人：		

分工描述：

第二，和孩子、伴侣一起制订和更新家庭规范。

当你带上孩子一起开家庭会议时，还有一个很有意思的主题可以共同讨论，那就是和孩子、伴侣一起制订和更新家庭规范。

图 7　我家的家规

家庭规范简称家规，它可以先于家庭育儿分工，甚至在你刚刚组建家庭时就着手制订。但当孩子长到四五岁的年纪，有了讨论和参与的能力后，你就可以邀请孩子共同参与家庭会议，再把家规制订一次。

　　　　我家的家规：
　　　　多微笑、节约、早睡觉、爱学习、抱抱、保持体重、健康吃、努力工作、度假、有计划、有目标、给爸妈打电话，爱问问！

　　在家庭会议中，家规的讨论就是信念和价值观达成共识的过程。完成讨论后，大家还可以将家规一起写下来或画下来，装裱成家规画框放在家里的某个角落。家规画框就像是一个温暖的小火堆，源源不断的能源池，经常被成员看到，就可以点燃家庭信念在生活中的意义。

　　有了家规，就有了标准。家庭会议的最后，我们总要就如何解决问题达成共识、形成结论，同时决定下一步该做些什么。这是最难做到的。在形成结论的过程中，主导人该怎么判断在众多建议和意见中采纳什么、不采纳什么呢？这其中的核心就在于：**只有合乎家庭育儿方向和规范的付出，才是有效付出**。所以，当大家纷纷都说"自己是为了孩子好"时，可以拿出相关讨论依据。

第三，发展外部团队。

如果你是孩子的妈妈，可能你和很多妈妈一样会问一个问题：理论上夫妻二人都是孩子的负责人，但爸爸一方自愿放弃了抉择和执行，退出了自养，负责人和执行人都由孩子妈妈一个人承担，或者转移到其他家庭成员身上。这种情况怎么处理？

如果你遇到这种情况，就需要和配偶重新讨论对婚姻关系的认知问题。很多家庭中的时间管理问题追溯下来都涉及婚姻关系，再往前追溯，是夫妻各自的价值观和信念问题。很抱歉，这个问题已超出了本书探讨的范畴。但我个人比较极端的观点是，在现代社会环境下，女性一旦生育，真就要做好一人撑起全家的准备，这本来就是家庭向前发展大概率会发生的一种可能性。人生而孤独，婚姻也未必能让人远离孤独。你并不知道在看似热闹的婚姻中，是谁在孤独地面对和解决问题。如果没有团队，女性就要自己下决心先做这个团队，再择机发展外部的育儿支持系统。

04　建立家庭奖励机制

在前文的小鼠实验里，小鼠在对抗中变得强大是因为研究人员持续刺激它的前额叶皮质，在它的大脑中形成了一个相对稳定的正反馈机制。同样，如果我们在家庭中也能建立这个机制，正向行为就可能在孩子的日常生活里反复发生，如同飞轮转动[1]。

"奖励机制"也可以有效促进成长飞轮的形成。儿童教育领域长期以来都在广泛使用这个方法。比如，我们从小熟悉的小红花、光荣榜、流动红旗，都是奖励机制的一部分。肯定和奖励孩子的某种行为，可以促使他不断地去重复这个行为。当重复的次数积累到一定量时，成果就会出现。

积极心理学研究表明，经常性的一系列"小赢"，甚至比很久迎来的一场"大赢"更能激励人们持久地努力。

如果你认为孩子在学校和其他环境中得到的激励不够，就可以通过家庭会议共同讨论建立家庭奖励机制，为孩子的正向行为设置奖励积分。外部环境通常只奖励结果，而家庭奖励机制可以奖励过程。在外部竞争中，孩子只能控制自己的努力程度，几乎无法控制结果。而如果孩子长期得不到好的结果，就意味着他会长期缺乏激励，那么，他也就很难进行长久的努力。家庭奖励机制要对过程做出奖励，把孩子努

---

[1] 〔美〕吉姆·柯林：《从优秀到卓越》，俞利军译，中信出版社 2019 年版。作者在书中写道："从优秀公司向卓越公司的转变是一个累积、循序渐进的过程，一个行动接着一个行动，一个决策接着一个决策，飞轮一圈接一圈地转动，它们的总和就产生了持续而又壮观的效果。"

力的过程分阶段逐级奖励，甚至使之游戏化，帮助孩子持续努力。无论是学习的积累、运动水平的提升、健康作息的习惯养成，所有需要孩子进行重复行动、持久努力才能有所收获的人生功课，都需要持续的激励。

案例 **我家的奖励机制**

问问有很多作业是我和叶先生给她留的，这些作业对应着各自的分数，当分数累积够一定数量，问问就可以按照家庭奖励机制兑换奖品了。

（1）必修科目：运动、语文、数学、英语等必须做，做完 +2 分，做不完 –1 分。

（2）选修科目：柔韧性拉伸、练习电脑打字、画画出作品、演讲练习等，做了 +1 分。

必修科目和选修科目的分数可以放在一起进行叠加。每当总分积满 80 分，问问就可以兑换奖励，比如玩游戏、和我们一起看电影、打桌游，等等。

表 37　家庭奖励机制

家庭奖励机制	
积分	可以兑换的奖励内容
20 分	玩游戏
20 分	一起看电影
30 分	一起画画
30 分	家庭桌游时间
……	……
积分规则	
分值	任务
做完 +2 分，做不完 –1 分	完成必修科目（运动、语文、数学、英语等）
做了 +1 分	完成选修科目（柔韧性拉伸、练习电脑打字、画画出作品、演讲练习等）
……	……

05　重塑家庭的正向认知

我 13 岁时，曾经和爸爸发生过一次激烈的争吵，爸爸严厉地批评了我，说我这个人很差劲。我非常委屈，就对爸爸喊了一段话。到现在，那段话的内容我依然记得特别清楚。

我对爸爸说：

"第一，我是你们生的，我所有的一切都是从你们那儿遗传的。我差劲是因为遗传就差劲。

第二，我是你们教育的，我差劲是因为你们对我的教育很差劲。

第三，你们把我生下来没有征求过我的意见，生了孩子就会是这样，孩子很有可能就是特差劲，你们就是会特生气，这是你们当初选择生孩子的代价。你们应该承担这个代价呀！"

多年后，我决定生育时，完整回忆起了这段话。这段话当时把我爸气得说不出话来。我想，也许未来有那么一天，我的女儿也会对我说出同样的话。那时，我肯定能气笑，同时想：这可真是我的女儿啊！

无论子女，还是父母，我们都希望从家庭那里得到积极的引导和鼓励，而不是贬损和伤害。我们需要一个正向的家庭。

回想起我的童年，每当家庭让我感觉受到伤害时，我都会反复问自己这几个问题：我为什么会出生在这个地方、这个家庭？我为什么会有这个爸爸、这个妈妈？我为什么长成现在这个样子？

日本著名作家东野圭吾曾写下过这么一句话："谁都想生在好人家，可谁都无法选择父母。命运发给你什么样的牌，你就只能尽量打好它。"[1]

你就是你孩子的"命运"。现在，你要尽力去给他一个好"命运"，让他在未来不哀叹和埋怨自己的命运。朴素地说，我们要成为孩子的"好人家"。"好人家"就是一个正向的家庭。

作为孩子的人生引路人，我们一定要提醒自己：

我们要建造正向的家庭，不要重现父母那些曾经让自己反感的教育方式。在家庭里，我们不做什么，比做什么还要重要。

请你看看以下这些现象是否曾经在你父母身上出现过。如果是，请在括号中画钩，并在后面写出你心目中相应的正向认知和做法。

[1] 〔日〕东野圭吾：《时生》，徐建雄译，海南出版社 2015 年版。

表38　重塑家庭的正向认知

第一点：维护家长权威，要求孩子遵循自己的价值观。（　　　　）

我的正向认知：	我的做法是：

第二点：用道德绑架的方式迫使孩子屈从自己的意志。（　　　　）

我的正向认知：	我的做法是：

第三点：把负面情绪发泄在孩子身上。（　　　　）

我的正向认知：	我的做法是：

第四点：控制欲强，贬低孩子的人格。（　　　　）

我的正向认知：	我的做法是：

第五点：虚荣心强，把孩子当作攀比的工具。（　　　　）

我的正向认知：	我的做法是：

第六点：双重标准，经常翻旧账。（　　　　）

我的正向认知：	我的做法是：

下面是我对这份清单的解读，以及我心目中与此相关的正向认知。

第一，维持家长权威，要求孩子遵循自己的价值观。

这类家长认为，只有依据自身经历得出的经验才是人生真理，对不了解的事物一概持否定态度，并要求孩子遵循自己的价值观。

针对这一条，我的正向认知是：大人和孩子是共同成长的，虽然大人的价值观对孩子影响深远，但孩子是独立的个体，会发展出自己的价值观，并依此做出选择、展开行动。

第二，用道德绑架的方式迫使孩子屈从自己的意志。

当孩子让家长失望，或者对家长表现出抵触情绪时，有些家长会把孩子的言行上升到伦理层面，认为孩子不听话就是不孝，并历数自己在养育路上的艰辛，迫使孩子因为内疚而服从自己的意志。

针对这一条，我的正向认知是：法律规定子女有赡养父母的义务，但孩子不是为了父母而活，孩子有成长为自己的权利。

第三，把负面情绪发泄在孩子身上。

这样的家长无法控制自己的情绪，喜怒无常，会因为自己遇到挫折而迁怒于孩子，甚至会当着孩子的面与配偶相互辱骂。

对此，我的正向认知是：家人是需要耐心对待的人，家庭中，只有正向沟通才有正向结果。

第四，控制欲强，贬低孩子的人格。

这类家长把孩子当作自己的个人财产，而不是独立的人，对任何琐事都要发表意见，一言不合就开始贬低孩子的性格、能力甚至是人格。

对此，我的正向认知是：孩子是自由的，他的意志自由、灵魂自由，他从来都是一个独立的人。

第五，虚荣心强，把孩子当作攀比的工具。

这样的家长只关注孩子是否优秀，以及能给自己带来多少好处，不重视孩子的内心感受和个人幸福。

对此，我的正向认知是：孩子的快乐和幸福是家长最终的养育目标，让孩子变得优秀的唯一目的是让他自己快乐。

第六，双重标准，经常翻旧账。

这类家长一方面对孩子要求苛刻，一方面又没有做出榜样、不反省自身的错误。

对此，我的正向认知是：家长的榜样作用胜过一切说教，言传身教是最好的养育方式。

作家王小波在《沉默的大多数》中说："人的一切痛苦，本质上都是对自己无能的愤怒。"面对父母的上述言行时，我们都曾愤怒过，并为自己的无能为力而感到痛苦。我见过很多人在父母的高压管教之下变得非常叛逆，也见过许多人在父母事无巨细的操控下变得性格软弱，很多人终其一生都很难消除家庭环境带来的负面影响。

就像我自己，家庭的严苛要求和过度控制使我从很小的时候起就极端渴望自由和独立，我因此而叛逆，必须时时刻刻掌握自己的人生，拿回生活的主动权。我出版的一本书叫做《按自己的意愿过一生》，从书名到内容都有我童年生活的影子。

以上文字并没有声讨父母的意思。成为母亲后，我越来越觉得，理解和接纳父母的苦衷和过失是一个人真正成熟起来的标志。我要做的，是从我成为母亲的那一天起，坚决不传递负面的家庭养育方式，做孩子正面的榜样，正向指导我自己和孩子的生活。

为子女收敛住自己的不良习性，是生育带给我们的一次重塑自己的契机。希望我们都能抓住它。

第九章　寄　养

　　寄养通常有两个目的：第一，是大人为了减少自养时间。为人父母后，大人依然要时常问自己，是做父母重要还是做自己重要？是否可以容忍陪伴了孩子，却失去了自己？要为自己保留时间吗？每周保留几个小时？第二，让孩子接触更多值得探索的领域，以及这些领域中优秀的人。

　　寄养的主要场所是学校。为孩子选择一所各方面都符合预期的好学校是所有家长的心愿，但做到这一点并不容易。家庭的所在地区、职业发展、财富状况以及孩子自身的学习能力、竞争能力都决定着孩子可以上一所什么样的学校。为了"择校"，很多家长会使出浑身解数、做出最大努力。但就算择校成功，家长们也难以选择老师，更无法选择老师的教学方式和观念。

　　寄养的另一个普遍途径是把孩子交给长辈，也就是孩子的爷爷奶奶，或者姥姥姥爷。我们虽然很感谢长辈的付出，但也会对随之而来的一系列问题忧心忡忡。亲人的习惯和观念是养育的基础，尤其是习惯，极难建立，也极难打破。我们成立了新的家庭，可以选择是否要把原生家庭的利与弊继续渗透给孩子，可一旦我们把孩子寄养给长辈，我们就无从选择了。

对家长来说，最有可控性的寄养是为孩子选择育儿阿姨、家教、兴趣班老师和专项教练。

01 寻找育儿阿姨

在家庭人手紧张、精力有限的情况下，很多家庭会聘请育儿阿姨来帮忙。

家中老人只有照顾我们的经验，而我们自己作为一个育儿新手还在学习之中。相比之下，常年在育儿一线工作的阿姨都经过了职业培训，掌握了照顾婴幼儿的科学方法，也有照顾各类孩子的实践经验。

但是，找到一个合适的育儿阿姨并不容易。在招聘育儿阿姨之前，我们应该做什么准备呢？

心理准备

我们和配偶经过了相遇、了解、恋爱等步骤才最终组成了家庭，这期间经过了或长或短的相处与磨合。但育儿阿姨是突然出现在家庭中的，尤其是住家阿姨，我们不仅对她知之甚少，而且还不了解她的生活习惯。我们把弱小的宝贝交到她手中，而与她建立关系的基础仅仅是面试时的一面之缘和几页劳务合约。

当你和配偶决定聘用育儿阿姨照顾孩子时，就要做好打持久战的准备。这个外人的进驻，会立刻改变家庭原来的生活状态。一些家庭短时间内换五六个阿姨的例子屡见不鲜，这不仅会耗费我们的大量精力，也会给孩子的安全感带来负面影响。所以，我们要对育儿阿姨本人及其所在公司进行充分考察、与候选阿姨充分沟通，并进行反复对比，同时多收集其他家庭的经验，绝不能怕麻烦。

需求准备

你要向家政公司明确提出自己对理想阿姨的要求。你可以列出以下几点：

表 39　育儿阿姨需求清单

序号	需求	描述
1	工资预算	你可以根据家庭预算来规划阿姨的薪资范围，再对比家政公司的阿姨价位。好阿姨价位都较高，但并不是价位高的一定是好阿姨。也有不错的阿姨入行不久，价格不高。这里面运气的成分很大，我们能做的就是通过充分收集信息提高好运气出现的概率。
2	工作时长	你需要判断自己在工作之余是否有足够的精力照顾半夜哭闹的孩子，是否需要一个住家阿姨。

序号	需求	描述
3	工作范围	除了照顾孩子的起居饮食外，育儿阿姨是否需要兼顾给全家做饭或打扫卫生。
4	业务能力	除了常规育儿技能外，育儿阿姨是否需要具备早教技能或外语能力。
5	个人素质	你是否对阿姨有学历、普通话水平、长相等方面的要求。
6	家庭隐私	你是否要在家中安装监控，阿姨能否接受。

面试

一旦做好以上准备，你就可以进入到寻找阿姨的实操阶段，这其中最重要的工作就是面试。你必须足够全面和细致。以下是面试阿姨时的要点：

第一，观察阿姨的个人状态。

（1）是否面色健康、精神良好。婴儿没有足够抵抗力，照顾孩子是身心操劳的工作，阿姨需要有健康的体魄。

（2）穿着是否整洁、干净、无异味，指甲、头发是否干净卫生。

（3）重点观察阿姨的行为举止和说话方式。孩子在成长过程中会不断模仿身边的大人，阿姨会成为孩子的模仿对象。

（4）观察阿姨是否开朗、坦诚，评估阿姨回答问题是否真实可信。

（5）凭借直觉。这一点也许比较玄学，没有特定的标准，但既然你是雇主，你的喜好就极为关键。家政公司中的金牌阿姨，即使口碑再好，如果你不喜欢也难以长期共处。

第二，对阿姨进行相关问题的提问，可以事先列出提纲。

（1）年龄。40岁左右的阿姨往往身体健康，也具备足够的经验。

（2）籍贯。可以判断阿姨的生活习惯是否与自己相似。

（3）是否按时体检，具有健康证。

（4）家庭状况。家庭比较和谐的阿姨，性格也会较为开朗。子女最好已经上大学或工作，这样的阿姨已经离开了牵扯精力的上一个人生阶段，更能投入到现在的工作中来。家庭状况也能从侧面体现出她经营自己的家庭能力。

（5）成为育儿阿姨之前的工作经历。比如，有的阿姨开过餐厅，做饭可口，就是加分项。

（6）之前带过多少孩子？男孩女孩？多大年龄的孩子？都带了多长时间？为什么会离开之前的家庭？最好阿姨对各个年龄段的孩子都有经验。

（7）接受过哪些育儿相关培训，是否拥有育婴师职业资格证？阿姨的职业资格证其实和驾照差不多，拥有了驾照只能说明一个人通过了驾校考试，并不代表他真的能够上路熟练驾驶，只能作为你选择时的一个参考因素。

（8）关于育儿常识的问题。比如，如何加辅食、如何清理婴儿用品，或描述带孩子的一天如何度过等。

（9）在育儿方面最擅长什么。育儿经验丰富的阿姨，回答的过程往往会非常自信和有条理。

（10）能否接受育儿以外的工作。生活中难免出现计划外的工作，虽然阿姨的主要工作是照顾孩子，但是否能在家人忙不过来的时候帮忙做饭，以及能否偶尔加班等。

（11）阿姨是否对你家的情况提出问题。经验丰富的阿姨往往会在入户前向雇主提出一些实际生活中会发生的问题。比如，我家阿姨入户前对我提出的第一个问题是：当家中老人和我在育儿方法上发生分歧时，她该听谁的？我的回答是，听我的，我是育儿的第一决策者和负责人。

经过以上问答，你就对眼前的阿姨有了基础了解。在阿姨入户后，家庭和阿姨之间还需要磨合。与阿姨相处，你应保持平和心态，给予她充分的尊重，不可以认为自己高人一等，也不能认为自己是雇主，阿姨就要没日没夜地工作。

但如果发生以下情况，你就要考虑换人：

（1）孩子明显不喜欢这个阿姨，见到阿姨就哭。

（2）传播前雇主的隐私，不具备职业素养。

（3）对孩子冷漠、缺乏爱心。育儿是一份需要情感的工作。

（4）懒惰、粗心、爱玩手机、做事不积极主动。

（5）情绪不稳定，多次呈现负面情绪。

当孩子超过两岁，开始进入认知阶段后，你还要考量的一个问题是，陪伴孩子的阿姨如何回答孩子的"为什么"。如果你发现育儿阿姨回答这类问题的能力有限，可以委托阿姨记下类似问题，由你或者配偶在自养时间解答。寄养中容易完成的是生活上的养育，最难把握的是精神养育。如果时间允许，你要尽量把精神引导环节留给自养。

以上对阿姨的需求列表可能还有个性化和更细致的部分，你可以通过家庭会议来调整，并把它落实到纸上。

02　寻找兴趣班

无论持有什么信念的家庭，当孩子进入学龄前阶段，家长都会遇到一个问题：现在是不是应该让孩子学些什么了？

这个问题意味着你的育儿之旅已经进阶，你要开始关注孩子的兴趣和核心竞争力的培养，并为此设计时间表。

如果你可以自己实现对孩子兴趣的引导，那当然很好。但如果你本身不擅长或缺乏充足的时间，想要孩子获得特定领域的能力和快乐，就需要考虑通过寄养来让孩子有所收获。

那么，如何为孩子挑选适合他的兴趣？选择一种还是几种，要怎么组合呢？选择兴趣班以及兴趣班的老师时，应该如何挑选呢？要有哪些标准呢？总的来说，兴趣的选择可以分为两步：先广泛，再集中。

兴趣都是试出来的。你需要让孩子广泛尝试，尝试所有你力所能及、有资源让孩子接触到的兴趣爱好，直到锁定其中的一种或几种。你一旦锁定了孩子的兴趣发展方向，就要投入时间、精力和金钱，找到视野内最优秀的老师。

兴趣班的选择逻辑

在我看来，兴趣班的选择逻辑可以分为三种：

第一种，孩子的天然兴趣。

第二种，运动类兴趣。

第三种，自养无法涉及的兴趣。

兴趣的种类非常广阔，家长在选择时考虑的因素也各不相同。为了展现寻找的过程和思路，接下来我将使用这些年我为女儿寻找兴趣班及老师的历程来作为主要案例。案例难免主观和单一，但也许会对你有所启发。

第一种，孩子的天然兴趣。

如果说1万小时原理和大脑神经递质的循环增强是孩子成长进步的核心规律，那么，孩子自己的兴趣与热爱就是一切努力的最佳方向。大人观察到孩子的兴趣后能鼎力支持，是最难能可贵的养育。

遗传的力量很神奇。前面提到过我从小很爱画画，而我的女儿问问三岁时也在这方面表现出明显的兴趣。当意识到她的绘画作品已经超越了同龄孩子的平均水平时，我决定重点培养她这方面的能力。对时间管理研究者来说，所谓重点培养，就是在时间表中安排出专门做这件事的时间。

我在日常自养之外，给问问先后换过几个美术机构和老师。

我先是给问问报了一个周末美术兴趣班。每个周末课程结束后，问问都会带回家一幅作品。一次，我去旁听，发现机构中的老师拿着两幅画这样点评："男孩子的构图格局比较大，比较开阔，女孩子就比较注意细节和微观。"然后她还就性别对画面的限制做了更多的延伸讲解。

我立刻意识到，即使这家机构的教研做得再完整、丰富，真正的教学效果也还是要依靠老师来实现。如果在孩子这么小的时候，老师就用性别去限制他们画画的风格，那么孩子的创造力就会被永久遏制。特别是女孩子的家长，如果我们从小就告诉她："很多事情你做不了、未来你不应该承担压力大的工作、不要生活得很累、要找个稳定的职业、找个好人结婚"等，就扼杀了她的多种可能性。反过来对男孩子也是一样。女孩子画画也可以格局狂野，她们的人生也是。男孩子画画也可以温柔细腻，他们的人生也是。

问问从此停止了在这家机构的学习。

我给问问在家中布置了画室，常常在自养时间和问问一起画画。问问也会在心流时间独自画画。后来，我又给问问找过不同的老师，而问问却说，她会一直画下去，无论有没有老师。

第二种，运动类兴趣。

身体健康的基础是运动习惯，运动习惯的基础是运动兴趣，而运动兴趣就是我们引导孩子进行运动的最初切入点。

我的方法是，广泛试课，直到锁定运动的门类。在问问4岁以后，我先后带领她尝试了不少于5种的运动课程，包括舞蹈、跆拳道、足球、游泳、壁球，每种运动问问都至少体验过10次。这几种运动并不是我凭空选择的，我是本着就近原则，同时考量自己是否具备相关资源进行选择的。

我当时没法判断哪项运动会适合问问，但我很清楚地知道，一次体验或几次体验是不足以感受到这项运动的魅力和乐趣的，每种要尽量多次尝试。

比如舞蹈，问问之所以愿意尝试可能是由于她看到芭蕾舞演员的裙子很漂亮，所以也想穿上同样的裙子。对于这么小的孩子来说，只要能触发兴趣，任何动机都是好的。

尝试结果： 问问在练习舞蹈一年半后，失去了对舞蹈的兴趣。她说跳舞很没有意思，不想继续了，那些漂亮的裙子穿不穿也无所谓了。不过，问问把在舞蹈课上练就的柔韧性——比如一字马能力——带到了跆拳道课上。

跆拳道馆在我家附近，问问的同学先于我们尝试。我知道这项运动需要高强度训练，同时还需要学习一些精神理念。

尝试结果： 问问从 4 岁练习到了今天，中间我们帮她换了一次道馆。因为我们发现新馆的教练非常热爱这项运动，还会严谨而郑重地安排训练中的精神仪式。如今跆拳道成为问问每周的运动课，已坚持 6 年。

足球的上课地点就是问问所在的幼儿园，非常方便，她自己也表现出了一点儿兴趣。我鼓励她参加足球训练的一个重要原因，是希望她知道女生也可以和很多男生一起运动，甚至同场竞技。

尝试结果： 问问以最快的速度放弃了足球。一个很重要的原因是孩子们的水平都太基础了，远远不能在运动中体验传球的快乐，更别提组织配合了。由于足球和游泳都是幼儿园放学后的可选运动，问问选了相对更喜欢的游泳。

我希望问问能习得游泳这个生存技能，同时通过全身性运动提升协调能力和肺活量。

尝试结果：问问练习了3年游泳。在8岁开始系统性壁球训练以后，她正式要求停止游泳训练。她给我和叶先生写了一封信，郑重其事地告知我们要停止游泳、聚焦壁球的几个理由。

问问在8岁开始尝试壁球。这是我和叶先生有意让她接触的个人小球类运动，对人的反应和灵活性要求很高。

尝试结果：问问最终选定壁球为自己的运动专项，一直训练到今天，并在2023年取得了全国壁球锦标赛女子U11（10-11岁）组冠军。

家长应该让孩子广泛尝试，即便孩子对此没有兴趣，也不是浪费时间。整个世界的人类活动对于孩子来说都是新鲜的，那些最终没有被选中的项目，也会带给孩子崭新的东西。一切新东西对成长都有价值。

第三种，自养无法涉及的兴趣。

选择这类兴趣班的前提是：父母深知什么是家庭遗传中缺乏的东西和言传身教中难以给予的东西。也就是说，父母不能通过自养给到孩子的能力，可以通过兴趣班让孩子得到弥补。

对我家来说，我无法亲自传授给问问的科目就是音乐。我为问问请了钢琴老师，做了日常练习的安排。我的目的比较简单：希望问问能通过学习钢琴提升节奏、音准、鉴赏的基本能力。在我的家庭中，这些能力可能都在平均水平以下，所以我希望钢琴老师能带领问问把这项能力追平。

尝试结果：问问学习钢琴两年多，在这个过程中她不快乐，非常抵触，更没有办法让自己沉浸其中。我 7 岁时曾在哭哭啼啼中放弃了学琴，因为同期的孩子都能演奏乐曲了，而我的双手依然无法做到顺利配合。30 多年后，这一幕重现了，我再次感到了遗传力量的强大。

为此我和叶先生郑重地与问问开了次家庭会议，商量钢琴还要不要继续练下去。家庭会议的最后，问问对我们说："爸爸妈妈对不起。"我说："爸爸妈妈对不起问问，实在是没有给你生出这个能力。"于是，我们在拥抱中结束了钢琴的学习历程。从此，我家客厅少了一个敦实的大黑方块，别提有多宽敞了。

从问问 4 岁到 10 岁，我们一路尝试、筛选，最终留下的科目是画画、跆拳道和壁球。我和叶先生帮助孩子寻找兴趣目标的过程虽然起伏跌宕，但第一阶段的目标——锁定兴趣发展方向——基本完成了。

03　精心选择老师

你一旦锁定了孩子的兴趣发展方向，就要投入时间、精力和金钱，找到视野内最优的老师。谁做老师，非常非常重要。大人一定要为孩子精心选择。

寻找老师的能力是一种重要的信息收集和做出判断的能力。

大人要去观察老师的试听课。他一定会在试听课时使出浑身解数。如果试课时他都无法吸引孩子，那么，这个老师你就不要考虑了。

大人需要找时间和老师聊天，问他对这个科目怎么看、过往的经历是什么、从几岁开始练习、练习过程中有什么感受、训练到哪个阶段会让人特别痛苦、什么地方很有意思、什么样的孩子适合学这个项目、教过最棒的学生是什么样子、什么样的学生最让人头疼，等等。一个好的老师一定在成长中有很多对痛苦的体会、对学生的细心观察，以及让自己骄傲的美好时刻。

一个老师教不好他无感甚至憎恨的学科，只有真正的热爱才能让他投身其中，取得成就。比如问问的壁球教练，过去在一家大企业中从事财务工作，30岁以后发现壁球是自己生平最大的兴趣，从此一发而不可收。后来，她开始参加比赛，拿到了全国冠军。她在上课之余和问问聊天时说："打壁球是为了赢吗？不是的，打壁球是因为快乐。人快乐才会赢，赢会让人更快乐，但是打壁球的当下，无论输赢我就已经很快乐了。"

我为问问选择的老师都有一个共同特点，那就是"热爱"。每次换老师，我们都为她换了更加热爱自己行业的老师。

在给孩子选择老师时，家长要观察，要精心挑选，不然孩子的时间浪费了，家长的金钱也浪费了。

表40　兴趣班考察清单

描述	符合	不符合	不清楚
老师对自己的行业保有热爱。			
老师的教学方法有趣，孩子会被课程的内容吸引。			
老师能够理解孩子在学习中的快乐和煎熬。			
老师很清楚这项爱好的困难之处和克服的方法。			
老师对孩子的学习过程细心观察，并愿意耐心指导。			
老师了解孩子的个体差异，能够因材施教。			
老师曾经教出过表现出色的学生。			
老师不会根据性别评价和限制孩子的表现。			

行动方案　在孩子的时间表上标注出寄养时间和寄养对象

表41 问问的时间表（标注寄养时间）

时间	周一	周二	周三	周四	周五	周六	周日
6:00–7:00	体能晨练 自养 爸爸		体能晨练 自养 爸爸	体能晨练 自养 爸爸	体能晨练 自养 爸爸		
8:00						玩乐高	画画并记录
9:00						壁球训练 寄养 壁球老师	室外活动
10:00							跆拳道训练 寄养 跆拳道老师
11:00–12:00	上学 寄养 学校	上学 寄养 学校	上学 寄养 学校	上学 寄养 学校	上学 寄养 学校		
13:00–14:00						作业	画画并记录
15:00						手工	作业
16:00–17:00	室外活动	壁球训练 寄养 壁球老师	壁球训练 寄养 壁球老师	壁球训练 寄养 壁球老师	跆拳道训练 寄养 跆拳道老师		壁球训练 寄养 壁球老师
17:00		玩黏土					
19:00	专注精读 自养 妈妈	专注精读 自养 妈妈	专注精读 自养 妈妈	专注精读 自养 妈妈	全家一起看电影	全家一起观看比赛	交换画画 自养 妈妈
20:00	数学 自养 爸爸	数学 自养 爸爸	数学 自养 爸爸	数学 自养 爸爸	自养 全家	自养 全家	问问 自己定

寄养方式中除了把孩子委托给长辈、阿姨和兴趣班老师之外，很多家长还把孩子委托给邻里亲朋、同学家长等。当这类寄养发生时，如果家长能提供形成文字的孩子基本学习生活情况，就能够有效提高寄养的质量。

第十章　放养

　　放养是这本书中最容易操作的养育方式，你可以将其理解为"放手"，或者"随他去"。

　　所有养育方式都是为了有一天我们能够对孩子完全放手。孩子终将会离开大人。曾经我们怀抱着小小的孩子，眺望 20 年之后的遥远人生，盼望着那时他们已经获得了真正完善的独立人格。但如果那一天真的到来，我们可能又会心存不舍。无论我们的意愿如何，完全放手的那一天一定会出现，在那之前的所有小型放养既是训练，也是模拟。

　　对孩子来说，独立意味着什么？请你回想一下自己的成长。你是否经历过这样的一天——突然间，环顾四周，原来的道路和领路人都消失了，只剩自己一个人。你独自面对扑面而来的人生，独自发现其中的机会和凶险，独自辨认忠奸，然后独自做出选择。

　　养育就是在孩子独立的那一天到来之前，我们花很多很多年为他做好准备。我们会精心策划放养时间，以求我们不在身旁的时候他能有所习得，并在未来复现。

01　场域育儿法

随着孩子一天天长大，家长有时候会发现，自己和学校没有主动去教的事情，孩子不知道在哪里就学会了。这些看起来自然发生的成长，其实都是在放养时间里发生的，是孩子所在的场域发生了作用。

"场域"（field）[1] 是一个社会学的专有名词，指人们所在的物理环境、他人的行为以及与此相连的许多因素。我们每一个人的行为都会被场域影响。同样一个人，在不同的场域下，会受到不同的影响，做出不同的事情。场域还有着无法言说的氛围与气质。比如，当人们到了博物馆就能感受到历史文化的厚重和积淀，会不自觉地悄声细语，这就是博物馆的场域。当人们来到公园，会感受到生命力和自然的气息，会自发地跑来跑去，这就是公园的场域。

这么看，把孩子置于何种场域就变得尤为重要了。育儿的场域不仅包括空间环境，还包括周围的人，以及和其他孩子之间的互动。所谓场域育儿法，就是挑选特定场域，比如运动、画画、书法、阅读活动，让孩子置身其中，去感受那里的空间气质、物品和人，从而发展出对环境新的认知和行为。场域育儿法的本质是放养，大人对孩子不作额外管理和要求，让场域自然地传递给孩子新鲜的信息。

---

[1]　法国著名社会学家皮埃尔·布迪厄指出，场域是由社会成员按照特定的逻辑要求共同建设的。个体在场域中展开竞争，每一个场域中都有统治者和被统治者，而任何统治都隐含着对抗。

在五种快乐中，每一种都可以通过场域中的放养来协助达成。在放养时间里，孩子可以不用被规范和引导，能够自己发现乐趣，甚至自己进入心流状态，长时间置身其中。

以下是家长在忙碌时可以选择的场域类型。

精神探索型

这样的场域能够给予孩子一定的文化滋养或者艺术熏陶，无论孩子能从中汲取多少养分、取得怎样的结果，我们都相信孩子自己的感知能力。

大人很忙，可以给孩子一本新书。

大人很忙，可以给孩子打开一部纪录片或者电影。

大人很忙，可以把学龄期的孩子放进博物馆，告诉他集合时间，大人在门口咖啡馆一边工作一边等孩子自己逛完。

在放养时间的场域里，孩子用自己的方法看到、听到、闻到、触摸到新鲜的事物。虽然他现在不能全懂，但潜移默化的影响已然发生。

友谊森林型

家长选择这样的场域，就是在帮孩子选择在一起玩的人，在这个过程中，你要极为挑剔。因为人影响人、人鼓舞人、人安慰人，同样，人也需要提防人。

有无数遗憾的成长故事，都是从孩子交上了坏朋友开始的。大人需要让孩子早一点知道如何处理和朋友之间的关系，以及好朋友会怎样说话、怎样做事。

大人很忙，在家中给两个孩子一套积木。

大人很忙，在小区花园给三个孩子一个飞盘。

几家大人都很忙，约好一个周末，把所有孩子送进商场里的儿童游乐场。

在放养时间，家长只要确保孩子是安全的，就可以全程不干涉、不监控，由孩子自己去聊天、玩耍、创造新的游戏。

心流山洞型

这个场域比较特别，因为它训练的是孩子和自己相处的能力，培养的是孩子从独处中发现快乐的能力。

正如我在"心流时间"中所讲，只要孩子可以长时间专注于一件事，从中发现乐趣，大人就要做到和孩子互不打扰、相安无事，让心流时间在放养中完成。心流山洞型放养是对未来生活最深刻的模拟，它让孩子自己做出决定，决定做什么，怎么做。

在放养中大人负责给孩子创造环境、给够时间，同时对结果不作硬性和苛刻要求，让孩子在营养充足的土壤和空气中自然生长。

表 42　三种放养场域

名称	特点	环境因素
精神探索型	文化滋养或者艺术熏陶。	书、纪录片、电影、博物馆等。
友谊森林型	帮孩子选择在一起玩的人。	孩子的朋友
心流山洞型	培养孩子从独处中发现快乐的能力。	孩子的兴趣

我家的案例

过去，大人习惯于把未做安排的时间称为"自由活动"时间，而我们可以通过重新命名，让孩子意识到，在这段时间，自己拥有充分的自主权。

在无需上学，也没有训练任务的假期，问问开始自己规划时间表。她的任务清单是和叶先生一起制订的：每天有三次画画、一次锻炼和一次看视频节目的时间，空余时间写上了"问问自己定"，做什么由问问自己决定。

行动方案　**在孩子的时间表上标注放养部分**

至此，我女儿问问的时间表已经全部展现在你面前。这是问问和我，以及叶先生共同努力的结果。

表43　问问的时间表（假期放养日）

时间	假期
6:00	
7:00	
	早餐
8:00	
	画画
9:00	
	玩黏土
10:0 0	
	英文拼写
11:0 0	
	午餐
12:0 0	
	画画
13:0 0	
	看视频节目
14:0 0	
	锻炼
15:0 0	
	英文阅读和写作
16:0 0	
	室外活动玩耍
17:0 0	
	晚餐
18:0 0	
	画画
19:0 0	
	钢琴课
20:0 0	
	问问自己定

表44　问问的时间表（标注放养时间）

时间	周一	周二	周三	周四	周五	周六	周日
6:00–7:00	体能晨练 自养 爸爸		体能晨练 自养 爸爸	体能晨练 自养 爸爸	体能晨练 自养 爸爸		
8:00–9:00	上学 寄养 学校	上学 寄养 学校	上学 寄养 学校	上学 寄养 学校	上学 寄养 学校	玩乐高 放养	画画并记录 放养
9:00–11:00						壁球训练 寄养 壁球老师	室外活动 放养；跆拳道训练 寄养 跆拳道老师
11:00–13:00							
13:00–15:00						作业 放养	画画并记录 放养
15:00–16:00	室外活动 放养	壁球训练 寄养 壁球老师	壁球训练 寄养 壁球老师	壁球训练 寄养 壁球老师	跆拳道训练 寄养 跆拳道老师	手工 放养	作业 放养
16:00–18:00		玩黏土 放养					壁球训练 寄养 壁球老师
19:00–20:00	专注精读 自养 妈妈	专注精读 自养 妈妈	专注精读 自养 妈妈	专注精读 自养 妈妈	全家一起看电影 自养 全家	全家一起观看比赛 自养 全家	交换画画 自养 妈妈
20:00	数学 自养 爸爸	数学 自养 爸爸	数学 自养 爸爸	数学 自养 爸爸			问问自己定 放养

时间表最理想的排布过程，是大人和孩子共同讨论，一起去充实完成。填写的过程中，孩子也就同步知道了哪些是自己的健康时间、哪些是自己期待的好玩时间、哪些是自己可能不喜欢但必须完成的生存时间、要累积多少小时才能取得成就，以及何时练习专注，进入心流时间。

当你们共同把时间表填好，孩子的内心也会浮现出"我决定了"这句话和它代表的意思。只有当她意识到这是自己而不是别人在选择，才会为自己负责任。这真是重要的人生时刻。

在填写时间表的过程中，我们总是没法避免把自己的生活经验、个人好恶加入到对孩子的引导之中。填写中你会发现，一些你认为不在目标内的事情，孩子会认为是重要的，是每天应该完成的。

所以，你要让孩子自己来定义什么是快乐，有的孩子会成长为成就时间的孩子，有的孩子会成长为心流时间的孩子，前提是大人已经带领他们进行了充分体验。当孩子的成长中充满了五种时间，他就能理解自己要什么。他要什么，就会追求什么。人生的真谛就是发现属于自己的快乐，然后持久追求。

第十一章　改变从一起行动开始

世界如此丰沛，充满了可能性。孩子有五种时间的快乐，大人有三种可以组合的养育方式。孩子和大人都不必困守在一时一地，也不必执着于一个方向，明智地利用时间是大人的责任，也是孩子的权利。

成长是一系列配套工程，需要你用无限的耐心日复一日地搭建。在做出人生的重大抉择前，你先要在无数次小的选择中充分了解自己、了解现实。在搭建中，你相信什么，就会创造出什么。

我们愿意随着孩子的成长不停地翻动工具箱，不停地重置时间表，努力帮助他决定做什么、不做什么、什么先做、什么后做、什么多做、什么少做、什么要重复无数遍。希望我们做过的一切能够写入孩子的人生秩序，替我们在未来陪伴他。

我们愿意相信微小行动可以在岁月中累积出惊人的变化，我们更愿意相信孩子预先承诺并坚持到底的意志。只要相信，就会行动；只要持续行动，现实就会被改变。

我们能穿过岁月生存到现在，靠的是信念。无论我们来自农耕家庭、游牧家庭，还是航海家庭。

01　习惯养成表

在研究时间管理的 20 年中，我经常被人问及，一个人怎样就算是做好时间管理了？标准是什么？我的回答是：一个人如果在日常生活中能专注、有快乐，同时具备好习惯，就说明他做好了时间管理。

"好习惯"包括好的作息、饮食和运动习惯，它让人无需启动意志力就可以健康生活，让生活实现熵减，即便在重重压力下，也能保持坚实的生活秩序。如果你的孩子在小时候养成了好习惯，意味着他在成年后就不必再花费时间努力纠正熬夜、吃垃圾食品、缺乏运动等不健康的生活习惯；意味着其他人需要花气力解决的基本问题，你的孩子却可以不费吹灰之力。

"能专注"主要指摆脱智能手机和电子产品干扰的能力。基础教育结束后，还能够深度学习的人都具备这样的能力。如果你也拥有这个能力，意味着你经过了碎片化时代的筛选，当命运的关键阶段需要你锁定目标、苦练技艺、负重前行时，你会因为拥有了深度专注的能力而毫不畏惧。

"有快乐"才是一切时间管理的真正目的。时间管理不是自我压榨，不是把自己逼疯，而是找到时间在生命中充分发展和完成自己，并体验自我实现的快乐。

大人想让孩子成为有时间管理能力的人，就是要帮助孩子培养好习惯、培养专注力，同时拥有追求快乐的能力。

童年时期养成的习惯给一个人带来的影响是巨大的，甚至是决定性的。

当孩子年满 5 岁，对视觉图案有了基本识别能力、可以握笔乱画的时候，就可以使用"习惯养成表"来训练了。你可以将它长期张贴在家中供全家一起使用。这张表以月历的形式呈现，表的最左侧栏目写着家庭成员的名字，右侧是每人每天需要做的事。它和其他清单的显著区别是，每一个事项后面，都有可以勾选的五种时间选项，用以提醒你，在填写时需要兼顾每一种时间的快乐。使用时，你可以在左侧填入具体事项、标出相应的时间类型，并在右侧一栏中，在每天做完的事项后打钩。为了把满足感刻入早期人生记忆，打钩这个动作一定要由孩子亲手完成。

你不仅要让孩子养成好习惯，你也要在"习惯养成表"上写任务和打钩。打破过去的生活习惯，用一种更强有力的秩序重构生活。这对你来说也许有点难，但却可以在孩子面前起到示范作用。每天你都要诚实地说明自己做了什么、做了多久，然后在孩子面前兴奋地打钩，让孩子看到你以此为乐、为此自豪。

你最好让孩子自己制订目标，填写最左侧的任务栏。你可能会记起小时候自己做决定时的快乐，以及被父母强制做出决定时的痛苦。在我和女儿一起填写"习惯养成表"时，每当她填好一个项目，我都会追问她："你决定了吗？这是你选的哦？"直到她清清楚楚地回答："我决定了！"

每月填写一张"习惯养成表"，我们就获得了一份可视的人生时间坐标轴。纵轴上的项目将积累出孩子兴趣与能力的主要方向。当时间积累到一定程度，比如一年，我们就可以通过统计孩子打钩过的项目总时长和整体能力变化的结果来了解孩子的禀赋和发展方向。"时间看得见"这句话会在孩子身上得到深刻体现。

表 45　习惯养成表

MY FAMILY
THE HABIT TRACKER
习惯养成

HABIT 习惯	1	2	3	4	5	6	7	8	9	10	11	12	13	14	15	16	17	18	19	20	21	22	23	24	25	26	27	28	29	30	31
■▲●✦●																															
■▲●✦●																															
■▲●✦●																															
■▲●✦●																															
■▲●✦●																															
■▲●✦●																															
■▲●✦●																															
■▲●✦●																															
■▲●✦●																															
■▲●✦●																															
■▲●✦●																															
■▲●✦●																															
■▲●✦●																															
■▲●✦●																															
■▲●✦●																															
■▲●✦●																															

NAME
姓名

NAME
姓名

NAME
姓名

NAME
姓名

02　写下来的愿望更容易实现

许愿是一切一切的缘起。

我想、我做、我做成了，是一个良性的循环，而敢于许愿，是这个循环的起点。让我们的孩子进入这个循环。

愿望会让人把目力所及的事物重新排列组合，以新的秩序展现。你会发现，命运在这个愿望之外并没有安排太多事情给你。无论你走在哪里，都是走在去往愿望的路上。知止而后动，明确的愿望会让道路变得清晰，让心变得安宁。

大人有《一生的计划》，孩子也可以预先写下自己的梦想。当你对自己的一生有了淋漓尽致的想象，才有可能把想象倒推、拆分到每一年，再由每一年拆分到每个月、每一天。

如果你想让孩子实现愿望，第一步就是帮助孩子整理愿望，并充分保护好孩子最初的热情与好奇；第二步是帮他摘取其中具体可操作的部分，让他积极行动起来，而不是仅仅停留在想象上。

表46 一生的计划（儿童版）

建立日期： 年 月 日

我的梦想：

_____

建立年龄：	实现年龄：
我最喜欢的事情：	我最喜欢的朋友：
1.	1.
2.	2.
3.	3.
我最想成为的角色(真人或虚拟形象)：	我想拥有的品质：
1.	1.
2.	2.
3.	3.
我最想拥有的超能力：	我想和谁做朋友：
我长大后的世界是什么样子？	我会成为这个未来世界里的什么人？
我在未来世界里每天做什么？	我想去哪里旅行？

为了实现梦想我愿意做的事情：

起床时间：_____ 睡觉时间：_____ 学习时间：_____ 运动时间：_____

学习内容：_____ 运动项目：_____

（_____）时间（自填）：_____

如果明天就变成大人，我最想做的三件事：

1.

2.

3.

附录 1
生育动机测试

这一部分，可以帮助你反思和纠正现有的育儿目标。

这个测试不是通过让你直接回答人生观和价值观来确认你的生育动机，因为这类回答会很容易陷入空泛，这个测试全称可以叫做：**你生育的动机，隐藏着你的育儿目标。**

你可能听过一个有趣的自我情绪调节方法——当你感到压力大、事情多、孩子特别难对付时，可以看着孩子，默默地对自己说："这是我生的！"这个办法确实有助于你稳定情绪，同时正视自己做出的选择。

要完成这里的测试，我们就需要再次郑重、严肃地问自己一次："我和我的家庭当初为什么选择生育？"

我在选择生育之际确实这样反复问过自己，因为我心里没底，既无法真正想象有孩子后的具体生活，又害怕有孩子以后的生活不是自己期待的那样，会后悔。

我知道这是一个重大选择，一旦做出，无法撤销。当看到很多人在生育之后遇到了一系列问题，甚至罹患了产后抑郁症，我就更加意识到这件事需要全盘思考。我把思考过程完整地记录下来，准备日后在我抑郁、崩溃、迷惘的时候，把曾经的记录拿出来读一遍。

我的记录文章叫做《选择生育》，写作的方法是首先采集样本——去问那些已经做了妈妈的人为什么会选择生育。我很想找到大多数人持有的主流答案，但我得到的答案却各不相同。在生育后的十一年中，为了研究家庭信念的差别，我一次又一次在趁早用户中做了生育动机的问卷调查，有意思的是，这些问卷结果依然和第一批样本的答案分类相同。

在展现生育动机测试的答案类别之前，请先在这里写下你的答案：

你或你的家庭决定生育的原因是：

因为【　　　　　】，我选择了生育。

写好以后，让我们一起来看这些年中我统计到的结果。

答案 A："有了，就生呗"。

这类答案源于顺其自然的人生态度，属于自然的进程，但从理性角度看属于冲动的代价，从玄学角度看属于命运的安排。当我们暗示自己去接受命运的时候，会说"顺其自然""一切都是最好的安排"。

我们常常认为怀孕是人生的喜事、好事，是希望和想象力，是未来的曙光。但更多的情况是，很多人面对不经意间到来的孩子，心想事实已然如此，那就生下来吧。于是，在来不及思考的情况下，她们被生活推着走了。在这样的情况下生了孩子，咱们继续往下看，意义会在后面出现。

答案 B："大家都这么过""时候到了""早晚都得生""家里人给的压力太大了"等等。

这类答案的出现频率非常高。在社会学里，这种现象叫做"从众现象"或者"羊群效应"。意思是，当集体中的多数人都选择了某种观念和行为时，个体就会受到影响，会选择和多数人保持一致。

社会学强调信念对群体的引导作用，就像《人类简史》所描述的，人类历史就是由一段段信念所构建的历史。人们把对这个世界的解释代代相传，让其中很多行动成为本能。在群体信念的影响下，人们似乎不需要去做太多思考。

因为"大家都这么过""早晚都得生"这类原因生育的家庭都有着相似的信念。当孩子大了，面临各种复杂的人生问题时，他们也会引导孩子做出与大多数人一样的选择。

如果你的父母曾经要求你选择大多数人的生活，那么，你可以试着问问他们，为什么生你。他们的答案基本会是："大家都这么过""时候到了""早晚都得生"。而如果你也是基于这个原因选择生育的，你就需要判断，接下来你对孩子的教育目标，是不是也准备遵从大多数人？我们的生育动机，就是这样映射到你对孩子的要求中去的。

答案 C："喜欢孩子，感觉到繁衍本能的呼唤"。

我曾经问自己，是因为繁衍本能在呼唤，我才想生育吗？据说繁衍蕴含了人类想要延续自己生命的希望，虽然这个希望是虚幻的，但人类却想以孩子为载体延续自己的生命，从而变相达到所谓的永恒。

我的回答是：不，我只喜欢好看、可爱的孩子，不是所有孩子我都喜欢。我还觉得孩子吵闹，也没感觉到自己有什么繁衍本能。

我没有宗教信仰，不知前世今生，只知道现存的一切都会消亡。我不知道我的祖先是谁，如果我有子孙后代，他们心里也肯定没我，就算肉体会复制基因，情感也不会有任何联系，向前向后都是尘埃。我干吗为这些虚无缥缈的东西费这么大劲儿选择生育呢？

如果你发自内心喜欢孩子，并且有传宗接代的天然追求，你的育儿目标可能会比较清爽简单：你喜欢孩子，就希望他快乐；你想传宗接代，就希望他健康。培养健康快乐的孩子会成为你朴素的育儿目标。

答案 D："生孩子，是用来寄托自己不能实现的梦想"。

我生孩子是为了寄托自己不能实现的梦想吗？我觉得不是。而且这是我最不能理解的生育理由之一。

梦想怎么寄托？人都是独立的个体，子女再亲也是他人，他人有独立人格和选择。同时，但凡能生孩子，你就不算太老，既然还不老，为什么你不把梦想寄托在自己身上，那样把握岂不是大得多？

如果是历史及社会原因造成了你梦想的陨落，那你也只好作为渺小的人类个体承担这个时代的苦难。子女也将有子女那个时代所不得不承担的苦难。其实，大家都是历史洪流里微不足道的尘埃，你有你的祸福，子女也有子女的祸福。子女就算好心承载了你的梦想，人家自己的梦想又往哪儿放呢？

如果是这个动机，你会有非常明确的育儿目标，而孩子是否实现了你设定的目标，会直接导致你的快乐和失望。

答案 E:"生孩子，是为了好奇、有趣、好玩"。

我是为了好奇、有趣、好玩才生孩子的吗?"没有人生，所以生人"，生孩子可以填补生活的苍白，让人享受凭空创造出生命的精神快感。

我可能是，也可能不是。我当时特别好奇自己生的小孩会长什么样？是否好看？是否可爱？但其实我不能保证有子女的生活一定有趣、好玩，不能保证孩子带来的乐趣和烦扰加起来一定是正数。如果我不能保证，这个选择就是一次赌博，而且赌注非常大。

我听说，人在生育后将获得某种无与伦比的乐趣，但在我没有亲身体验之前，我无法判断这乐趣较之无子女哪一个更适合我。因此，这一理由也不成立。

如果选项 E 是你的生育动机，那么在育儿过程中，你很可能会难以控制自己的情绪。因为你曾经期待的是有趣、好玩，一旦这些期待无法实现，你作为父母就可能会陷入周期性沮丧，甚至开始怀疑人生。

答案 F："有子女的人生会更加丰富完整"。

对我而言，有子女的人生更加丰富完整吗？我的答案是：也许。我视人生是一场体验，丰富和完整都仅意味着体验的多样性，但体验的内容也有正面和负面之分。我当然期待美好、正向的体验尽量多些，但这无法得到保证。

所以，如果在这里打了钩，你可能更关注育儿的过程，更喜欢参与另外一个生命的成长，也更容易在育儿中得到情感的满足。

答案 G："生孩子是怕晚景凄凉吧，俗话说养儿防老嘛"。

我是因为害怕晚景凄凉，才想养儿防老吗？我的回答是：从物质的角度看，我不怕。我在年老时拥有的，将是我年轻时努力的结果。无论什么情况，穷也好，富也好，都是自己造成的，我都愿意接受，不奢望依赖或转嫁给别人。

我不相信养儿可以从物质上防老——如果他混得不好，那指望他根本就没戏；如果他混得不错，也分两种可能：他管我或者不管我。我与其费这么大劲儿生他、养他，以求他今后能管我，还不如我在能干的时候多挣钱，老了之后自己管自己。

虽然说在物质上我不怕，但是，从精神上，我怕！对于这个答案，我感到很震惊。

没错，我选择生育的一个重要原因，是因为害怕——不是喜欢、不是需要、不是本能，只是害怕。因为我没有笃定的信仰，因为我是个存在主义[1]者。我在青年、壮年时的精神依托是努力与收获，是阶段性的胜利。我深知自己此刻依然处于人生抛物线的上升阶段，而总有那么一天，我来到人生抛物线的顶峰之后，暮年就会接踵而至，我不知道如何应对那巨大的虚无感。到时，看书、听音乐、种花弄草，都不能真正帮我应对和缓解虚无感。如果没有孩子，我将面对一个存在主义者的终极虚无。

我想这也是为什么那么多大富大贵之人、常年患病之人选择在暮年皈依宗教。

孩子是劈杀这虚无感的最好利器。她在我的注视下来到生命的曲线上。她未必有趣，未必可以承载我的梦想，也未必能陪我到老，但她充盈在我枯槁的精神中，振奋着我每天醒来的第一口呼吸。她为我设置了全新的任务，占领了我有限的时间，用日常琐事挤垮我的虚无。

我明白，选择生育，是我整个人生中最为自私的一个决定——主观、故意、强行带来不可测的生命，完全是为了我自己！

这就是当时我的思考和对自己的追问。大家看，人真是禁不住追问啊，到最后，我选择生孩子的理由，虽然也包含有答案 EFG，然而 G 竟然才是我生育动机的核心。我防的不

---

[1] 当代西方哲学主要流派之一，代表人物有德国哲学家马丁·海德格尔、法国哲学家保罗·萨特。存在主义以人为中心，尊重人的个性和自由，并认为人是在无意义的宇宙中生活，人的存在本身也没有意义，但人可以在原有存在的基础上自我塑造、自我成就，活得精彩，从而拥有意义。

是物质的匮乏，而是精神的衰微。

没错，生育就是我一个极其自私的决定。为了应对暮年后的恐惧与虚无，我决定从三十几岁以后开始无节制地付出，这付出将不求回报，直到我生命的尽头。或者说，我想要的回报就是暮年后她的存在而已。从功利的角度看，这真是一种赤裸裸的感情交换，这也是我从感情上始终有点难以接受的地方。但无论如何，我正视了自己的内心，我因此选择了生育。

无论有多少人选择了生孩子，有多少人选择了不生，生育与否一定是个可选择的命题，而且是一个绝对的私人选择。就像有的人喜欢红色，有的人喜欢绿色一样，没有对错之分。但认真整理、慎重思考过的生育原因，无论对女性自己、对家庭以及孩子来说都非常重要。

"一个人知道为什么而活，那么他就能忍受任何一种生活。"只有清晰地懂得自己做出选择的缘起，才能坦然承受我们现在和将要面临的一切。

你的生育动机到底是什么呢？你又因为这个动机有了什么样的育儿目标呢？这些选择题的答案很重要，因为接下来，你的期待就会照耀你，并成为孩子成长的灯塔。你的行动、语言，都是你生育动机的映射，都会把你和孩子推向彼此的道路。

附录 2
实用工具汇总

附录 3
时间表待选项

健康时间

早晨 6 点起床	在晚上 10 点前睡觉	睡午觉	睡到自然醒
吃一顿健康的晚餐	和爸爸妈妈一起外出吃饭	吃水果	和爸爸妈妈互相拍一张美美的照片
量一量自己的体重	全家一起去游泳	全家一起看体育比赛	尝试三种运动项目
做一次体操	早晚好好刷牙	抹香香	自己洗澡

好玩时间

吃喜欢的食品	下雨天观察雨水的流动	在床上蹦蹦跳跳	做家务	做手工	折纸飞机
放风筝	去图书馆	去博物馆	去游乐园	看展览	大声唱歌
扮演我想成为的角色	和爸爸妈妈一起野餐	和爸爸妈妈一起露营	和爸爸妈妈一起去散步	和爸爸妈妈互换身份，做一天家长	在海边玩沙子
玩拼图	一次三天以上的全家旅行	画画	去一个主题乐园	看一场电影	爬山
观察小鸟	观察公园里的植物	给一个朋友打电话	发明一种游戏	去朋友家作客	邀请朋友来家里玩

生存时间

自己上厕所	自己擦干净屁股	自己睡觉
自己穿衣服	自己选择今天要穿的衣服	记录一周的睡觉时间
讲自我安全保护知识	和爸爸妈妈一起购物	认识一个新朋友，并写出他的名字
和爸爸妈妈约定考试的奖励并实现它	自己洗一次衣服	开一场家庭吐槽大会
独自买东西	和爸爸妈妈一起制订压岁钱使用计划	独处一天

成就时间

收集快递盒和瓶子去卖钱	参加一次志愿者活动	赢得一次游戏	报名参加一场正式比赛
赢得一场正式比赛	找到自己的榜样	写下自己的优点	写下自己的愿望
和爸爸妈妈商量零用钱数目	制订习惯养成计划	在习惯养成清单上连续打卡一个月	记录一件被爸爸妈妈夸奖的事情
拥有一项特长	取得考试成绩的进步	独自完成一个作品	制订学习计划
学会骑自行车	学会唱一首歌	学一门外语	

心流时间

蒙上被子说一个小秘密	自己整理房间	和长辈视频聊天	自己读书或看绘本一小时
写一篇日记	独自看一部纪录片	自己规划一天的安排	和小动物相处一小时
和爸爸妈妈一起准备晚餐	听爸爸妈妈讲他们小时候的故事	和爸爸妈妈拥抱一次	给妈妈化一个妆
种植一盆植物	和爸爸妈妈互相分享一首你们最喜欢的歌	和爸爸妈妈一起开家庭会议	拍一张全家福
制作一本家庭相册	和爸爸妈妈一起录一段视频	给10年后的自己写一封信	

后记
农耕、游牧和航海的孩子

有了女儿以后，我得以重新实践一遍"时间管理"。

个人成长中的"时间管理"不是去管理时间，而是在可分配时间中去设定目标、推进执行。在女儿的成长中，可分配的时间永远极其有限，养育目标具有鲜明的家庭特色，难以参考和复制，执行则需要充分沟通。我自己虽然熟练执行"五种时间"，但要把时间管理理念传递给整个家庭，再解释给女儿，难度是递增的。

在我女儿的成长过程中，我一直在研究育儿工作如何进行，终于发现，最好用的竟然还是最朴素的工具：时间表。

时间表的格子严谨完美，整齐划一，每周都是7天，每天都是24小时。所有人都能看懂、能使用。落在时间表里的事项就是结论，一旦写下就等待着执行结果。还没发生的行为可能会帮助我们实现目标，也可能帮助不了，但我们总要先做一做看。

和我一样，在填写时间表时，你遇到的难题可能集中在：

（1）为什么选择做这件事而不是那件事？这关系到制订

成长策略、设计成长目标，是个哲学和社会学问题；

（2）怎么让全家理解自己要做的这件事？这涉及组织建设和统一思想，是领导力方面的问题；

（3）怎么让孩子对要做的这件事情感兴趣？这依赖于亲子关系和沟通技巧，又属于心理学和教育学范畴。

这张表虽然看上去由简单的线条和格子组成，但表格所及如汪洋大海。

第一项和第二项，我已经在本书中提炼归纳出具体的填写办法。关于第三项，我试图通过阅读心理学、行为学和脑神经科学加以解决。幸运的是，10年间这些学科涌现出了丰硕的研究成果，但凡我认为值得借鉴、能落实于行动的，都放在了时间表中，通过这些实践提炼出的观点和操作过程，我也都记录在了这本书中。

虽然在本书中我不停地使用"孩子"和"大人"这些字眼，但我并不想为孩子和大人设置明显的分界线。大人的样貌并非一成不变，如果长大成人意味着无限接近理性和智慧，那其实我们一直都未能成为大人，都还是孩子。然而，生育让我们意识到成为大人的严肃性。因为面对孩子，我们必须对这个世界做出诠释：人为什么要出生、学习，为什么要周而复始地奔波、日出而作、日落而息。大人为了说服孩子先得有能力说服自己。

这本书中反复出现的时间表，就是大人为孩子诠释世界的过程。日复一日，大人会因为时间表而反复地问自己：孩子今天做了什么？孩子今天获得什么新的信息？孩子今天的行为有何意义？按照这本书的逻辑，我希望大人们都能在找到清晰、准确的回答后感到欣慰。

我还希望，填写妥善的时间表能为家庭成员传递一组重要的信息：我们思考过了，我们对未来有畅想，我们务实又清醒，关于行动，我们已经准备好了。行动当然是重要的，但了解行动的依据更重要。当我们有了书中五种时间的目标和三种养育方式，时间表就有了清晰准确的依据。据此，每个家庭都可以获得各自高质量的时间表。时间表的质量依赖于两点：一是因果关系是否可靠；二是变化是否能带来惊喜。稳中有变，孩子的成长就在时间中涌现出生命力。

当时间推移，持续的行动自然会呈现出结果。

当你执行，你已在推动命运的齿轮，改变了它转动的节奏。

当你目标明确，你已在给命运施以新的外力，你将最终改变它的方向。

致谢

感谢问问。

这本书之所以会存在，是因为我有了女儿问问。是问问令我在这个领域真诚探索，去重新关心自己和人们的童年，研究人如何更好长大的学问。

感谢"育儿合作社"的核心成员叶先生。

10 年来，问问的时间表都由叶先生手动更新。因为叶先生的超强合作意愿和执行能力，家庭时间表在育儿道路上才能一直被推动和验证。

感谢"育儿合作社"的核心成员——我的爸爸妈妈。

感谢他们来自农耕家庭的训诫与经验。写作的过程中我意识到，我早已传承了这一切，并将它们放在了播种与收获的时间表里。

感谢多年来一直支持和信任"趁早"的读者和用户，你们和我一起成长到为人父母的阶段，和我共同经历了无数关于育儿观念和方法的探讨，并共同推动了这本书的完成。

感谢在本书写作和相关课程的筹备过程中，我的同事塔塔和鹤鸣充满默契的大力协助。我们共同相信着书中的每一句话，相信"时间看得见"的力量。

感谢趁早文创团队，配合本书设计开发了《儿童时间管理手册》和相关实用表单。

书有结尾，但成长会继续发生，时间表还会不断更新，等待我们在未来见证。

图书在版编目（CIP）数据

小日常　大奇迹 / 王潇著 . -- 北京：新星出版社，2023.11（2024.1 重印）
ISBN 978-7-5133-5349-6

Ⅰ . ①小… Ⅱ . ①王… Ⅲ . ①儿童教育－家庭教育 Ⅳ . ① G782

中国国家版本馆 CIP 数据核字 (2023) 第 185380 号

小日常　大奇迹

王潇　著

责任编辑 白华召		**封面设计** 周 跃	
策划编辑 白丽丽　章 凌　万 众		**版式设计** 严 冬	
营销编辑 吴雨靖　wuyujing@luojilab.com		**责任印制** 李珊珊	
封面摄影 张弘凯			

出 版 人 马汝军
出版发行 新星出版社
（北京市西城区车公庄大街丙 3 号楼 8001　100044）
网　　址 www.newstarpress.com
法律顾问 北京市岳成律师事务所
印　　刷 北京雅图新世纪印刷科技有限公司
开　　本 635mm×965mm　1/16
印　　张 16.25
字　　数 165 千字
版　　次 2024 年 1 月第 1 版　2024 年 1 月第 2 次印刷
书　　号 ISBN 978 7-5133-5349-6
定　　价 69.00 元

发行公司：400-0526000　总机：010-88310888　传真：010-65270449